Rhöndorfer Gespräche

Konrad Adenauer und die Presse

Veröffentlichungen der Stiftung
Bundeskanzler-Adenauer-Haus

RHÖNDORFER GESPRÄCHE
Band 9

KONRAD ADENAUER UND DIE PRESSE

Herausgegeben von Karl-Günther von Hase

1988

BOUVIER VERLAG · BONN

CIP-Titelaufnahme der Deutschen Bibliothek

Konrad Adenauer und die Presse / [Stiftung Bundeskanzler-Adenauer-Haus]. Hrsg. von Karl-Günther von Hase. - Bonn : Bouvier, 1988
(Rhöndorfer Gespräche ; Bd. 9)
ISBN 3-416-02047-2
NE: Hase, Karl-Günther von [Hrsg.]; Stiftung Bundeskanzler-Adenauer-Haus; Rhöndorfer Gespräch: Rhöndorfer Gespräche

ISBN 3-416-02047-2

ISSN 0177-7815

 Herstellerische Betreuung: Jochen Klein. Satz: Satz & Grafik Werkstätte R. Meier, Bonn 3. Druck und Einband: Druckerei Plump KG, Rheinbreitbach.

INHALT

BISHER ERSCHIENENE „RHÖNDORFER GESPRÄCHE“

Band 1

Die dynamische Rente in der Ära Adenauer und heute
Herausgegeben von Konrad Repgen, 1978

Band 2

Entspannung und Wiedervereinigung. Deutschlandpolitische Vorstellungen Konrad Adenauers 1955—1958
Herausgegeben von Hans-Peter Schwarz, 1979

Band 3

Konrad Adenauer und die Gründung der Bundesrepublik Deutschland
Herausgegeben von Rudolf Morsey, 1979, ^{2}1986

Band 4

Die Wiederherstellung des deutschen Kredits.
Das Londoner Schuldenabkommen
Herausgegeben von Hans-Peter Schwarz, 1982

Band 5

Die Legende von der verpaßten Gelegenheit.
Die Stalin-Note vom 10. März 1952
Herausgegeben von Hans-Peter Schwarz, 1982

Band 6

Berlinkrise und Mauerbau
Herausgegeben von Hans-Peter Schwarz, 1985

Band 7

Adenauer und Frankreich
Die deutsch-französischen Beziehungen 1958—1969
Herausgegeben von Hans-Peter Schwarz, 1985

Band 8

Konrad Adenauer und der Deutsche Bundestag
Herausgegeben von Hans Buchheim, 1986

VORWORT

Band 9 der „Rhöndorfer Gespräche" enthält Referate und Diskussion einer Tagung, die am 23. April 1987 zu dem Thema „Konrad Adenauer und die Presse" durchgeführt wurde. Die Leitung der Tagung lag bei Herrn Staatssekretär a. D. Karl-Günther von Hase. Das Einführungsreferat hielt Dr. Hanns Jürgen Küsters, der Bearbeiter der „Teegespräche" unserer Editionsreihe „Adenauer — Rhöndorfer Ausgabe". Bemerkungen tagungstechnischer Art wurden in das hiermit vorgelegte Protokoll nicht aufgenommen.

Rhöndorf, im April 1988

Der Vorstand der Stiftung
Bundeskanzler-Adenauer-Haus

Josef Rommerskirchen, Vorsitzender
Dr. Konrad Adenauer
Dr. Horst Osterheld

DAS RHÖNDORFER GESPRÄCH VOM 23. APRIL 1987

1. TEIL

Karl-Günther von Hase

BEGRÜSSUNG UND EINLEITUNG

Meine sehr verehrten Damen und Herren! Wenn man sich hier so umschaut, ist man sofort versucht, statt „sehr verehrte Damen und Herren" zu sagen „liebe Freunde". Denn ich glaube, dies ist ein Personenkreis, der sich untereinander fast vollständig kennt.

Ich darf damit beginnen, daß ich Ihnen allen die besten Grüße von Bundeskanzler a. D. Dr. Kurt Georg Kiesinger übermittle, dem Vorsitzenden des Kuratoriums der Stiftung Bundeskanzler-Adenauer-Haus. Herr Kiesinger hatte fest vorgehabt, diese Tagung selbst zu eröffnen. Sie wissen, er war zum 20. Todestag von Konrad Adenauer hier und hat am Grabe gesprochen. Alle, die ihn dort gehört haben, waren außerordentlich beeindruckt von der Prägnanz und Würde seiner Worte. Herrn Kiesinger ist es dann aus familiären Gründen nicht möglich gewesen — wegen dieser beiden so dicht zusammenliegenden Termine —, heute noch einmal hierherzukommen. Wie gesagt, ich bin beauftragt, Ihnen seine besten Grüße und Wünsche für einen guten und reichen Verlauf der Tagung zu übermitteln. Er bittet um Ihr Verständnis für diese Absage.

Am Grabe hat Kiesinger ausgeführt — und das darf ich vielleicht hier als Einstieg für unsere Tagung übernehmen —, daß es für einen Staatsmann das entscheidende Kriterium ist, wieviel von seiner Arbeit und wie lange der Nachwelt erhalten bleibt. Er machte deutlich, daß Männer daran gemessen werden, wie lange ihr Werk überdauert. Zwanzig Jahre nach Bismarcks Tod — so Kiesinger — brach das von ihm gegründete Reich, schlecht geführt durch die Nachfolger, zusammen. Die Weimarer Republik hatte nur eine Lebenszeit von vierzehn Jahren. Die kurze Spanne der unheilvollen Regierungszeit des sogenannten „Dritten Reichs" von zwölf Jahren ist uns allen bekannt. Konrad Adenauer hat vierzehn Jahre regiert. Zwanzig Jahre nach seinem Tode besteht sein Werk, die Bundesrepublik Deutschland, fast vierzig Jahre, und er hat es verstanden, sie innen- und außenpolitisch so fest zu gründen und so einzubinden in die westliche Bündnisgemeinschaft der freien Völker, daß auch seine Nachfolger gehalten waren, im großen und ganzen dieser Perspektive bis auf den heutigen Tag, meine Damen und Herren, zu folgen.

Neben den Rhöndorfer Gesprächen ist ein Schwerpunkt der Stiftungsarbeit die museale Erhaltung der Einrichtungen hier in Rhöndorf. Ich darf bei dieser Gelegenheit sagen, daß bisher eineinhalb Millionen Besucher — man kann sagen, praktisch aus der ganzen Welt — die Gedenkstätte besucht haben. Außerdem gibt es ein Editionswerk, eine Quellenveröffentlichung in zwei bedeutenden Reihen: einmal die Briefe Konrad Adenauers, und zum zweiten — das wird ja heute noch eine besondere Rolle spielen — die Veröffentlichung der „Teegespräche", auf die ich nachher bei der Einführung unserer Referenten noch zurückkommen darf.

Unser Thema heute lautet „Adenauer und die Presse". Wir hatten im Beirat der Stiftung überlegt, ob wir es nicht formulieren sollten „Adenauer und die Medien". Wir waren aber bald davon abgekommen, denn „Medien" in der heute üblichen Definition war zu Adenauers Zeit noch kein eingeführter Begriff. Das Thema „Adenauer und die Presse", also unser heutiges Thema, beschränkt sich aber nicht auf die gedruckte Presse, sondern schließt, wie Sie auch der Einladung und der Liste der vortragenden Referenten entnommen haben, Hörfunk und Fernsehen ein.

Zeitlich soll in erster Linie Adenauers Kanzlerzeit und der unmittelbare Vorlauf dazu — also Parlamentarischer Rat — behandelt werden. Eine Ausdehnung auf die Oberbürgermeisterzeit ist erwogen worden, ist aber dann aus zeitlichen Gründen wieder fallengelassen worden, obwohl es reizvoll gewesen wäre. Denn z. B. hat es in der Oberbürgermeisterzeit mit Hilfe und auf besonderes Betreiben von Konrad Adenauer die Errichtung eines Presseinstituts an der Universität Köln gegeben. Vielleicht kann das aber eine Anregung sein, sich auch außerhalb der Rhöndorfer Gespräche mit dem Komplex des Verhältnisses Adenauers zur Presse in dieser Zeit auseinanderzusetzen.

Wir hoffen, meine Damen und Herren, daß die zeitliche Nähe unserer Tagung zum 20. Todestag und die durch die Medien bewirkte Auffrischung unseres Gedächtnisses, die viele von Ihnen sicherlich erfahren haben, dazu beitragen werden — zusammen mit dem Genius loci von Rhöndorf —, daß wir eine gute und ertragreiche Tagung haben. Der Genius loci ist diesmal nicht ganz so konzentriert, weil wir entgegen dem üblichen

Brauch nicht in der Gedenkstätte tagen, sondern hier im Hotel, nämlich wegen des etwas erweiterten Personenkreises. Aber ich glaube, in der Kombination unseres historischen Themas mit dem ganzen Luxus der modernen Hotelbauweise, die wir hier genießen, liegt auch ein besonderer Reiz für unsere Tagung.
Wir hoffen auch, meine Damen und Herren, daß wir uns heute hier nicht nur nostalgisch erinnern, sondern daß wir Anregungen zu weiteren differenzierteren und auch kritischen Forschungen erhalten. Konrad Adenauer hat einmal gesagt: Der Blick in die Vergangenheit ist nur gerechtfertigt, wenn er zugleich auch der Zukunft dient.
In den vielen publizistischen Würdigungen der vergangenen Tage wurde mit einer gewissen Übereinstimmung festgestellt, daß sich das Bild Adenauers in seinen wesentlichen Zügen nach zwanzig Jahren verdeutlicht hat. Adenauers eigener Wunsch war es — und hier darf ich zitieren —, „wenn die Menschen später über Nebel und Staub meiner Zeit hinwegsehen, könne von mir gesagt werden, daß ich meine Pflicht getan habe". Unter dem Eindruck der Würdigungen der letzten Tage durch Freunde und politische Gegner wird man wohl sagen können, daß die Pflege der Erinnerung an Adenauer und die Würdigung seiner Epoche sich vom parteipolitischen zum nationalen, ja europäischen Anliegen wandelt. Gerade das legt uns aber auch die Pflicht zur kritischen Untersuchung auf. Für das Verständnis unserer heutigen Situation ist es wichtig, die unterschiedlichen Bedingungen zu analysieren und zu bewerten, unter denen unsere parlamentarische Demokratie und freiheitliche Presse sich vor dreißig Jahren entfalteten.
Zu Konrad Adenauers Regierungszeit war die gedruckte Presse das einzige wirklich meinungsbildende Organ. Seine Zeit war aber begleitet vom Aufbruch des Bildes, insbesondere des bewegten Bildes in Gestalt des Fernsehens, das mehr und mehr tägliches Massenkonsumgut wurde. Heute erreicht das Fernsehen fast alle, überall, zu jeder Zeit und mit immer stärkerer Programmvielfalt. Ähnliches gilt vom Hörfunk, der nach anfänglicher Verdrängung durch das Fernsehen eine Renaissance erlebt hat.
Adenauer hat Erfolge oft gegen die öffentliche und veröffentlichte Meinung erringen müssen. Er war ein Beispiel dafür, daß ein Politiker von Rang die öffentliche Meinung zwar kennen und in seine Strategie einbeziehen muß, ihr aber nicht nachlaufen soll, sondern seiner eigenen Überzeugung folgen muß.
Eine Frage, auf die unser Kolloquium eine Antwort finden sollte, lautet: Welche Schlußfolgerungen können aus dem Verhältnis von Gesellschaft, Presse und Regierung zur Adenauerzeit auf die heutige Situation über-

tragen werden? Sind unsere Politiker heute in Gefahr, ihre Regierungsarbeit als ein eher kurzfristiges populistisches Public-Relations-Unternehmen zu betreiben, wahrscheinlich der Not, das heißt der Mediendichte und dem ständigen Erklärungszwang mehr gehorchend als dem eigenen Triebe? Die Gesetze, Regeln und Strukturen der parlamentarischen Demokratie westlichen Stils sind im 19. Jahrhundert geprägt worden. Entsprechen sie noch der durch die technische Entwicklung, insbesondere die Mikroelektronik, heute geschaffenen und sich immer noch stürmisch weiterentwickelnden Situation?

Der Politiker heute steht ständig vor dem Röntgenschirm der Medien und muß mit einer Wählerschaft rechnen, deren Lebensstil und Verhaltensweise in den zentralen Lebensbereichen — Berufswelt, Familie, Religion, Freizeit — große Änderungen erfahren hat und weiter erfährt. Der Wandel von Wertorientierungen, der seit Mitte der sechziger Jahre auch die Bundesrepublik erfaßt hat, führte zu größerer Instabilität im Verhalten einer gegenüber früher stärker politisch interessierten und besser oder zumindest reichlicher informierten Gesellschaft.

Das gibt uns die Frage auf — und damit möchte ich meine einleitenden Worte schließen —: Wäre das Phänomen Adenauer in der heutigen Medienlandschaft möglich, bzw. über welche gleichen oder anderen Fähigkeiten, um einen ähnlichen Erfolg wie Adenauer zu erzielen, müßte heute ein Politiker verfügen? Wie hat sich unsere Demokratie unter dem Einfluß der heutigen Medienpräsenz verändert?

Meine Damen und Herren, Sie wissen aus dem Einladungsschreiben, wie wir uns den Ablauf der Tagung in etwa vorgestellt haben. Für das einleitende, übergreifende Referat konnten wir Herrn Dr. Hanns Jürgen Küsters gewinnen. Herr Küsters war von 1982 bis 1984 Mitarbeiter der Stiftung und ist seitdem als Bearbeiter der Rhöndorfer Ausgabe der „Teegespräche“ tätig. Ein Blick in die beiden schon erschienenen Bände — 1950 bis 1954 und 1955 bis 1958, zwei weitere Bände für die Zeit bis 1963 werden folgen — zeigt uns, mit welcher Sachkenntnis, Objektivität, Blick für die großen Entwicklungen, aber auch für das Detail, Herr Dr. Küsters seine Aufgabe bewältigt hat.

Ich darf bei dieser Gelegenheit erwähnen, daß die zweite große Quellenedition, die durch die Stiftung betrieben wird, die der Briefe von Konrad Adenauer, durch Herrn Dr. Hans Peter Mensing, der auch unter uns ist, besorgt wird.

Im Anschluß an das Einleitungsreferat von Herrn Dr. Küsters hören wir als ersten Herrn Ministerialdirektor a. D. Werner Krueger. Ich glaube, er bedarf in diesem Kreise keiner besonderen Vorstellung. Herr Krueger arbeitete unmittelbar nach dem Krieg als Parlamentsjournalist im Landtag von Düsseldorf, im Parlamentarischen Rat und bei der Bizonenverwaltung. Er war von 1950 bis 1966 — mit einer kurzen Unterbrechung — Stellvertretender Bundespressechef. In dieser Unterbrechung wirkte er als Programmdirektor des Westdeutschen Rundfunks. Nach 1966 war er der Planungschef der Bundesregierung. Es gibt also wohl keinen, der von der berühmten „anderen Seite der Barriere" einen so kontinuierlichen Blick auf die Pressepolitik des Bundeskanzlers Adenauer gehabt hat wie Herr Werner Krueger.

Der zweite Referent des Vormittags — die Referenten des Nachmittags darf ich dann nach der Mittagspause vorstellen — ist Reinhard Appel. Für Reinhard Appel gilt dasselbe wie für Herrn Krueger: er bedarf hier keiner Vorstellung. Herr Appel war fast 25 Jahre Vertreter der „Stuttgarter Zeitung" in Bonn. Er war zwei Jahre lang Leiter des Büros der „Süddeutschen Zeitung" in Bonn. Dann wurde er Intendant des Deutschlandfunks und ist seit 1976 — omnipräsent — der Chefredakteur des Zweiten Deutschen Fernsehens. Herr Appel ist ja heute hier — wie ich einfügen darf — unter den strengen Augen von zwei ehemaligen Intendanten des ZDF.

Reinhard Appel: Ich spüre das!

Karl-Günther von Hase: Meine Damen und Herren, damit darf ich meine Einleitung schließen und Herrn Dr. Küsters bitten, das Wort zu ergreifen.

Ich danke Ihnen sehr.

Hanns Jürgen Küsters

KONRAD ADENAUER, DIE PRESSE, DER RUNDFUNK UND DAS FERNSEHEN

Sehr verehrter Herr Vorsitzender! Meine sehr verehrten Damen und Herren! Sie entbehrt nicht einer gewissen Ironie: die schon einige Zeit andauernde Beschäftigung der Medien mit Konrad Adenauer. „Wenn ich eines Tages nicht mehr da bin", meinte er kurz vor seinem Tode, „läßt das Interesse rapide nach, dann ist man schnell vergessen".[1] Allzu gut glaubte er die Journalisten zu kennen: nachrichtenhungrig, sensationsgierig greifen sie Neuigkeiten schnell auf und lassen sie noch schneller wieder fallen. Jetzt aber, zwanzig Jahre später, sind es ausgerechnet die Vertreter von Presse, Rundfunk und Fernsehen, die dazu beitragen, daß Politik und Persönlichkeit des ersten Bundeskanzlers im Bewußtsein der breiten Öffentlichkeit bleiben. Ist die Presse heute Adenauer so zugetan, wie er es sich während seiner Regierungszeit immer gewünscht hat?
Sie sehen, unser Thema verdient aus aktueller *und* zeitgeschichtlicher Perspektive Aufmerksamkeit, wiewohl der historischen Sicht im folgenden das Hauptaugenmerk gilt.
Eines ist gleich vorab festzustellen: Das Verhältnis Konrad Adenauers zur Presse — Rundfunk und Fernsehen sind hier eingeschlossen — markiert ein kaum beackertes Feld der Zeitgeschichtsforschung.[2] Geradezu stiefmütterlich wird das Spannungsfeld zwischen Kanzler und Presse auch in neueren Veröffentlichungen behandelt — sieht man einmal von der Edition der „Teegespräche"[3] ab. Empirische Studien, selbst über grundlegende Fragen, fehlen. Wir wissen so gut wie nichts darüber, was Adenauer über die Presse wirklich dachte, welche Rolle sie seiner Ansicht nach in der Demokratie spielen sollte, wie er die Aufgaben des Journalisten beurteilte, welche Ziele er mit seiner Pressepolitik eigentlich verfolgte, welcher Mittel und Methoden er sich dazu bediente. Ganz zu schweigen von Konflikten, die dabei im Kanzleramt, mit dem Bundespresseamt[4] und vor allem mit den Redaktionen in- und ausländischer Zeitungen und Rundfunkhäuser[5] auftraten. Ebenso ist über den Einfluß der öffentlichen Meinung auf seine politischen Entscheidungen kaum etwas bekannt.[6] Zur Aufarbeitung all dieser Fragen bedarf es nicht nur der Öffnung von

Staats- und Parteiarchiven. Ohne Durchsicht der Redaktionsarchive[7] und Privatbestände beteiligter Journalisten und Verleger, die sich hier noch — zum Verdruß der Wissenschaft — ziemlich verschlossen zeigen, und intensive Befragungen sind solche Untersuchungen wenig ertragreich.
Noch ein Zweites sei vorweggeschickt: Wer die Beziehungen Adenauers zur Presse untersucht, hat es mit dem Umfeld staatlicher Informationspolitik, der Öffentlichkeitsarbeit, Propaganda im weitesten Sinne und deren Wiedergabe in den Medien zu tun. Beiden haftet ein gewisses Odium von Manipulation, Indoktrination und Einseitigkeit an. Die Regierung will ihre Politik gut „verkaufen", um ihre Macht zu stabilisieren. Die Presse entscheidet, welche Informationen — positiver oder negativer Art — der Allgemeinheit bekanntgegeben werden. Dabei kritisiert sie mehr und lobt meist wenig das Vorhaben der Regierenden. Vor dem Hintergrund dieses Dualismus begegnete auch der Bundeskanzler Konrad Adenauer den Journalisten.
In dem spärlichen Schrifttum zählt die Pressepolitik keineswegs zu seiner Paradedisziplin. Kritik überwiegt allenthalben.[8] Er habe in der Presse nicht den Partner, sondern das Werkzeug seiner Politik gesehen, ihren Mitgestaltungsanspruch, ihre Aufgabe zu kontrollieren und ihr Recht zur Kritik gar bestritten; die Funktion der Publizistik in einer freiheitlichen Demokratie nie begriffen, vielleicht nicht begreifen wollen. Ein schlechter Kenner der Journalistenseele sei er zudem gewesen, der sich allzu oft von einer „gehässigen" Presse eingekreist fühlte.
Inwieweit diese Thesen haltbar sind, bleibt dem Urteil der Experten anheimgestellt. Seine tiefgreifende Skepsis gegenüber der schreibenden Zunft läßt sich anhand vieler Äußerungen bestätigen. Adenauer im März 1956: „Wenn man im öffentlichen Leben steht, dann ist man mehr oder weniger . . . ein Opfer der Presse. Was ich dabei so empfinde, das ist, daß Glaube und Unglaube seitens der Presse gegenüber einem Mann, der im öffentlichen Leben steht, verteilt wird nach Maßstäben, die mir unbegreiflich sind. Manchmal wird einem geglaubt, wo man besser zweifeln würde, manchmal wird einem nicht geglaubt, wo es ehrliche und lautere Wahrheit ist. Ich habe keine sichere Erklärung dafür . . . Ich glaube, es liegt daran, daß die Zeitung in dem einen Fall glauben will, gleichgültig, ob es wahr ist, und daß sie in dem anderen Fall nicht glauben will, trotzdem es wahr ist. Und das ist nicht ganz richtig."[9]
Was kann der Politiker gegen die „Willkür der Journalisten" tun? Nun, er kann versuchen, den Journalisten zu manipulieren, zu kritisieren, ihm mit Nachrichtenentzug drohen oder auch ihm Neuigkeiten zustecken, um ihn für sich einzuvernehmen. Eines kann er aber nicht: ihn kontrol-

lieren. Journalisten sind allenfalls mit Informationen zu ködern, einmal gegeben, ist nicht mehr zu steuern, welche Meldungen sie daraus machen. Adenauer war sich dessen voll bewußt. Selten hat er eine Gelegenheit ausgelassen, auf die Presse Einfluß zu nehmen. Es stellt sich die Frage, ob der Kanzler sich nicht deshalb ungerecht behandelt fühlte, weil er eigenwillige Vorstellungen von den Aufgaben der Presse im Kräftespiel der Demokratie hatte. Ein „Miß-Verständnis", das sich mit der Zeit zu einem „Miß-Verhältnis" entwickelte und der eigentliche Grund für die von ihm beklagte schlechte Presse darstellte.

Beim heutigen Kenntnisstand müssen wir uns in erster Linie darauf beschränken, Fragen aufzuwerfen respektive Hinweise zu geben auf das Terrain künftiger Forschungen. Mehr vermögen auch die nachfolgenden Ausführungen nicht zu leisten. Sie haben sich aus dem Studium teils verfügbarer, teils künftig zugänglicher Materialien — vorwiegend aus dem Nachlaß Konrad Adenauers — ergeben.

Zur Quellenlage sei bemerkt, daß sich in den „Erinnerungen" nur vereinzelt Gedanken über die Presse finden. Die Auswertung seiner Briefe,[10] „Teegespräche" und Reden eröffnet jedoch weitere Einblicke. Gleichfalls aufschlußreich sind die Äußerungen im Bundesvorstand der CDU,[11] wo er in regelmäßigen Abständen zum Presseecho Stellung bezog. Eine Fülle interessanter Details enthalten natürlich auch die Erinnerungen des langjährigen Regierungssprechers Felix von Eckardt.[12] Leider geben sich die sonst so fleißigen Journalisten recht schreibfaul, wenn sie ihre Erlebnisse in Memoiren festhalten sollen.[13] Vielleicht verbietet ihnen ihre Diskretion, manch interessantes Aperçu weiterzugeben.

Meine Aussagen zu Adenauers Pressepolitik haben nur vorläufigen Charakter. Sie bedürfen — und dazu möchte ich ausdrücklich auffordern — der kritischen Überprüfung und Ergänzung. Die unmittelbar Beteiligten haben ja heute genügend Gelegenheit, aus ihrer eigenen Erfahrung unsere Kenntnisse zu bereichern.

Drei Problembereiche möchte ich nun eingehender erläutern:

Erstens: Adenauers Grundverständnis von den Aufgaben der Presse in der Demokratie.

Zweitens: Die Gestaltung Adenauerscher Informationspolitik unter dem Blickwinkel seines Verhältnisses zum Bundespresseamt sowie zur inländischen und ausländischen Presse.

Drittens: Sein Verhältnis zu Rundfunk und Fernsehen.

Einen vierten Punkt gilt es noch zu beachten, nämlich die Frage nach den Wirkungen seiner Informations- und Öffentlichkeitsarbeit bzw. nach dem Bild, das die Publizistik von Adenauer im Laufe der Jahre entworfen hat. Es bleibt mir wohl nicht soviel Zeit, dazu etwas vorzutragen, aber vielleicht läßt sich das eine oder andere im Laufe der Diskussion hier ergänzen.

I. Die Presse

Als Adenauer im Herbst 1949 das Kanzleramt übernahm, stützte sich sein Bild von der Presse im wesentlichen auf Erfahrungen aus der Oberbürgermeisterzeit in der Weimarer Republik. Zeitungen, insbesondere die konservativer Couleur, meist in Privatbesitz großer oder kleinerer Wirtschaftspotentaten, gaben die Meinung ihrer Eigentümer wieder. Sie zählten größtenteils zur Gesinnungspresse, im Gegensatz zur „unabhängig, überparteilichen" Presse, die mit diesen Begriffen nicht selten ihre antirepublikanische Haltung verbrämte. Indem die Zeitung zunehmend über alle Geschehnisse in Politik, Wirtschaft und Gesellschaft berichtete, erkannte auch Adenauer in ihr eine wichtige Mitträgerin jeder Entwicklung des öffentlichen Lebens.[14] Den Bürger informieren, das *Wesentliche* aus der ungeheuren Flut täglicher Aktualitäten herauszufiltern, verarbeiten, der *Wahrheit* entsprechend wiedergeben und dem Leser eine „gewisse Sicherheit" — wie er es nannte —, Orientierung geben, damit dieser sich ein besseres Urteil über politische Vorgänge bilden kann — darin sah Adenauer die zentralen Aufgaben der Presse.[15]

Neben ihrer aufklärerischen Funktion hat die Zeitung gleichermaßen eine erzieherische Aufgabe. Die Macht des Wissens, der Information, impliziert Verantwortung gegenüber der Öffentlichkeit und dem Volk. Der einzelne ist der Kommunikation und Nachrichtenfülle nicht mehr gewachsen, meinte er. Mit der Informationsverbreitung geht notwendigerweise eine gewisse geistige Verflachung einher, weil Zeitungen darauf abzielen, Sensationstriebe des Menschen anzusprechen. Diese Art Journalismus rechnete Adenauer der „unverantwortlichen" Presse zu, im Gegensatz zur „verantwortlichen" Presse, die sich selbst eine Ordnung geben sollte, um „Freiheit mit dem Willen nach Wahrhaftigkeit und dem Respekt vor Sitte und Anstand"[16] zu verbinden. Die Zeitung — Inkorporation von Politik und Moral.

Als Vermittler zwischen Volk und Regierung[17] trägt der Journalist große öffentliche Verantwortung, vorausgesetzt, er besitzt ein „sehr respektables Maß" an Gewissenhaftigkeit, Ehrlichkeit und gutem Willen.[18] Er hat auf die Reinerhaltung der deutschen Sprache zu achten,[19] die, zusehends von Amerikanismen durchsetzt, täglich der Verstümmelung durch

Schlagworte ausgesetzt wird. In jeder Hinsicht verderblich aber schien ihm der ständige Zwang, etwas schreiben zu müssen.[20] Dazu bedarf es der Phantasie. Wenn der Journalist keine Phantasie hat, weder Gespür noch Verstand für die hochkomplizierten Probleme einer Regierung zeigt, „dann ist er ein Schreiber".[21] Und dazu gehörte nach Ansicht des Kanzlers das Gros der Journalistenschar: Rücksichtslos, nur dem Leser und seinen Interessen verpflichtet, stets auf Veröffentlichung des gerade in Erfahrung Gebrachten erpicht, kurzum Nachrichtenjäger, die ihre Informationen und damit sich selbst an den Mann zu bringen suchen. Solche „käuflichen Subjekte" verachtete er zutiefst.
Adenauer selbst war ausgesprochen nachrichtenbesessen, hatte einen Sensus für Feinheiten, Nuancen eines Berichtes, erspähte schnell neue Tendenzen, die darin steckten.[22] Wenig Verständnis brachte er der Neigung mancher Journalisten entgegen, griffigen Formulierungen taktischen Erwägungen den Vorzug zu geben. Interessant schreiben, so warnte er einmal, dürfe nicht zu mißverständlichen Formulierungen führen.[23] Achtung hingegen zollte er jener Spezies hochgebildeter, feinfühliger, taktvoll und überaus diskret vorgehender Kolumnisten, die ihr Handwerk verstehen, in ihren Artikeln nicht bloß die verkäufliche Ware sehen, sondern damit eine Botschaft — „message" sagt man heute — verbinden.[24] Vollends über den Weg getraut hat er ihnen jedoch nie. Er wußte, welch großen Schaden Journalisten anzurichten vermögen; aber auch, daß man auf sie angewiesen ist. „Zu Zeitungen und zu Journalisten ein gutes Verhältnis zu bekommen", schlußfolgerte er, „das ist fast ein Ding der Unmöglichkeit, es sei denn, man bezahlt dafür mit Neuigkeiten. Wenn ich Journalisten mit Neuigkeiten versehe, dann tun sie mir auch einen Dienst, aber wenn ich sie nicht damit versehe, dann tun sie mir keinen Dienst".[25] Berührungsängste kannte Adenauer deshalb nicht. 93 Pressekonferenzen, 450 Informationsgespräche und Interviews, 647 veröffentlichte Reden und 69 Regierungserklärungen zählte das Bundespresseamt 1963 bei seinem Abschied.[26] 152 Aufsätze und Artikel erschienen unter seinem Namen, dazu kommen 80 Kilometer Wochenschau und ca. 60 Dokumentarfilme über seine Tätigkeit. Durchschnittlich zweimal die Woche stand er mit der Öffentlichkeit in Kontakt. Dennoch — oder vielleicht gerade deshalb — kam es zu Spannungen mit der Presse.
Worin lagen die Gründe? Da war als wichtigstes Merkmal die eigentümliche Konstruktion der deutschen Nachkriegspresse. Von Anfang an wähnte er hinter der Lizenzierungspolitik der Briten die einseitige Parteinahme zugunsten der Sozialdemokratie. Des Übels Kern — von dieser Überzeugung rückte er jedenfalls nicht mehr ab — lag in der Gestaltung des

deutschen Zeitungs- und Nachrichtenwesens nach britischem und amerikanischem Vorbild. „Wenn die Engländer überparteiliche Zeitungen haben wollen", argumentierte er, dann müssen „diese Zeitungen auch wirklich überparteilich sein . . ., das heißt, daß sie sich nicht mit der Politik befassen dürfen, denn jedes Befassen einer Zeitung mit Politik bedeutet eine parteipolitische Stellungnahme nach dieser oder jener Richtung."[27] Von dieser Grundposition aus kämpfte er schon vor seiner Kanzlerzeit für Zeitungslizenzen,[28] übte er heftige Kritik an der Nachrichtenpolitik des Nordwestdeutschen Rundfunk[29] und später auch an der Deutschen Presseagentur.[30]

Ein zweiter Grund: Adenauer wollte Parteivorsitzender mit einer starken Parteipresse sein. Er bezeichnete sich zwar nicht als ihr Anhänger, hätte aber liebend gerne ein allseits beachtetes Zentralorgan gehabt.[31] Bereits im Sommer 1945 plante er den Aufbau einer zunächst lokalen, dann überregionalen Tageszeitung von internationalem Rang.[32] Ein Gedanke, der ihn bis in die sechziger Jahre hinein beschäftigte.[33] Die Versuche scheiterten nicht nur an finanziellen Mitteln. Die Lizenzpresse — und das galt auch für die der CDU nahestehenden Blätter — wollte nach der Gleichschaltung im Dritten Reich möglichst selbständig arbeiten, unbeeinflußt von Parteien. Die Konflikte des Parteivorsitzenden, beispielsweise mit Reinhold Heinen[34] und Anton Betz,[35] Herausgeber der „Kölnischen Rundschau" und der „Rheinischen Post", spiegelten die fundamentalen Auffassungsunterschiede über die Rolle der Zeitung im Nachkriegsdeutschland wider.[36] Der eine, Adenauer, beabsichtigte die Lizenzzeitungen zur Parteipresse umzufunktionieren, während die anderen sie vom Parteieinfluß weitgehend freizuhalten suchten, um für viele Leser attraktiv zu sein. Erst gegen Ende der fünfziger Jahre sah Adenauer ein, daß der Parteipresse auf dem deutschen Zeitungsmarkt kein Erfolg beschieden war.

Ein weiterer Reibungspunkt war Adenauers überzogene Erwartung vom Verhalten der Presse. Er bestritt keineswegs ihre Pflicht, zu argwöhnen, zu kritisieren.[37] Doch erwartete er konstruktive Kritik und keine Kritik um der Kritik willen. Ihm überwogen „nihilistische Züge"[38] — wie er es nannte —, die Neigung zur absoluten Negation, wo Schützenhilfe und Loyalität gefragt waren, vor allem in der Außenpolitik. Nicht daß er die selbständige Rolle der Presse verkannt hätte; aber er hat sie nicht recht wahrhaben wollen. Als 1960 die Spannungen mit den Westmächten über die Ost- und Deutschlandpolitik zunahmen, wünschte er der deutschen Presse, sie möge realistisch sehen, „wo das deutsche Interesse liegt", und sich gefälligst danach verhalten! Eine Presse, die Einfluß haben wolle, müsse eben versuchen, wenigstens in entscheidenden Fragen der Nation mit der Regierung zusammenzugehen.[39] Aber auch dieser Versuch, mit der öffentlichen Meinung eine gemeinsame Front in der nationalen Frage zu bilden, mißlang.

Hinzu kam: Gerade in den Anfangsjahren fehlte dem noch unerfahrenen Kanzler die nötige Nonchalance im Umgang mit den Berichterstattern. Wer pedantisch, ja oft kleinlich immer wieder falsche Meldungen dementiert, in zahllosen Schreiben Details richtigstellen läßt, lauthals sich über das Vorgehen dieser professionellen Zweifler beschwert,[40] bringt die Presse natürlich gegen sich auf. Journalisten wollen umworben, hofiert werden. Einem Parteifreund gab Adenauer zwar den Hinweis: „Ich vermeide den Versuch zu machen, die ‚Kölnische Rundschau' zu Berichtigungen zu veranlassen. Ich habe damit schlechte Erfahrungen gemacht."[41] Selber aber handelte er nur selten danach.

Vielleicht hat Adenauer zu wenig bedacht, daß es zwischen Verleger, Chefredakteur und Redakteuren keine strikten Weisungsbefugnisse gibt. Innerhalb einer Redaktion können sich politische Kommentare über das ganze Meinungsspektrum erstrecken und werden nicht, wie in den zwanziger Jahren üblich, allein vom Finanzier der Zeitung auf eine Meinung hin ausgerichtet. Eine bedeutende Zeitung, meinte der Kanzler jedoch, brauche eine verlegerische Persönlichkeit, die für eine einheitliche Auffassung in den wesentlichen politischen Fragen sorgt.[42]

Adenauer wollte die Presse für sich gewinnen, sie kontrollieren, ja vielleicht sogar beherrschen. Gleichwohl wußte er, daß es unmöglich war. Folglich befand er sich ständig in Auseinandersetzung mit ihr. Gewiß, nach zwölf Jahren Abstinenz mußten sich beide, Regierung und Presse, an ein normales Spannungsverhältnis erst wieder gewöhnen, die Presse sich ihren Platz in der Demokratie noch erkämpfen. Die Voraussetzungen dafür waren keinesfalls günstig. Von den Besatzungsmächten ins Leben gerufen, ohne gesicherte Existenzgrundlage, bestand bei ihr Nachholbedarf in punkto Eigenständigkeit und Unabhängigkeit.[43] Noch wenig war das Gefühl entwickelt, vierte Macht im Staate zu sein. Einerseits wollte sie der Regierung nicht nach dem Munde schreiben, um dem Geruch regierungs- oder parteipolitischer Abhängigkeit zu entgehen. Andererseits wäre ihr übermäßige Kritik als „antidemokratisches" Verhalten ausgelegt worden. Adenauer jedenfalls hat diesen Zwängen kaum Rechnung getragen.

Abgesehen von der SPD-Presse erwuchs dem Kanzler Opposition gerade von jenen Publizisten wie Rudolf Augstein,[44] Paul Sethe[45] oder Hans Zehrer,[46] die in den großen Streitthemen der fünfziger Jahre — Wiederbewaffnung, Westintegration und Wiedervereinigung — gegensätzliche Auffassungen vertraten. Adenauer verachtete Journalisten, die ihn leichtfertig rühmten. Er war aber auch schnell bereit, Kritiker seiner Politik als linkslastig abzuqualifizieren.

Unzählige Male hat er sich über die schlechte Haltung der deutschen Publizistik beschwert, ihr vorgehalten, gerade dann einen Gegenkurs zu fahren, wenn es der Regierung schaden könnte, bzw. dann zu schweigen, wenn Unterstützung erwünscht gewesen wäre. Adenauer hielt — das war ein weiteres Spannungsmoment — Journalisten nicht für berechtigt — und erst recht nicht für fähig — eigenständig Politik zu machen. Denn: „Sie schädigen das Ansehen des Bundeskanzlers im Ausland und schwächen damit seine Position zum Schaden Deutschlands." So bekannte Publizisten wie Hans Baumgarten,[47] Dolf Sternberger,[48] Paul Wilhelm Wenger,[49] Karl Silex[50] oder Gräfin Dönhoff[51] scherten sich jedoch wenig um die Mahnungen des Kanzlers[52] und dessen Schicksal.

Um Auswüchsen entgegenzuwirken, zog Adenauer auch drastischere Mittel in Erwägung. Als Reaktion auf die unliebsamen Seitenhiebe Sethes in der „Frankfurter Allgemeinen", der bekanntlich dem Kanzler Versagen in der Wiedervereinigungspolitik vorwarf,[53] regte Adenauer wiederholt an, die Wirtschaft aufzufordern, sie solle die „Frankfurter Allgemeine" Zeitung nicht noch durch Annoncen unterstützen. Die Grenzen der Meinungsfreiheit wären schließlich dort erreicht, wo eine Politik getrieben wird, die das Geschäft der Gegenseite mit fördert[54] bzw. die Autorität des Rechtsstaates untergräbt. Pressefreiheit, so lehrte ihn die Spiegel-Affäre 1962, hat ihre Grenzen in der Respektierung der Strafgesetze. In dieser Bewährungsprobe für alle Träger der Meinungsbildung habe man erstmals erlebt, „wie schwach und wenig gefestigt die Autorität des Staates ist".[55] Aus Adenauers Sicht war die Spiegel-Affäre eine Krise des Vertrauens in die Bürokratie, die schamlos vertrauliche Informationen weitergibt, und nicht eine Bedrohung der Pressefreiheit.

Davon abgesehen — seine Begründungen für das schlechte Presseecho wechselten recht häufig. Mit allen an der Zeitungsproduktion Beteiligten haderte er. Mal lag es an den fehlenden Zentralredaktionen der großen Tageszeitungen, die wegen der Entfernung zur Hauptstadt dem politischen Klima Bonns nicht gerecht würden.[56] Mal gab er den weitab von Bonn sitzenden Chefredakteuren die Schuld. Auf sie müsse mehr Einfluß ausgeübt werden, denn sie wüßten Korrespondentenberichte aus der Hauptstadt nicht richtig zu würdigen.[57] Dann wiederum war der Umbruchredakteur der Übeltäter — ein bedeutender Mann im Zeitungsbetrieb, der in die Schlagzeile schreibt, was er will, und damit die Politik verdirbt.[58]

Als Hauptgrund nannte Adenauer jedoch die Fortschrittsgläubigkeit der Journalisten. Jeder bessere Berichterstatter halte sich für fortschrittlich. Und eine Partei, die das Wort „christlich" in ihrem Namen führt, gilt als nicht fortschrittlich, kann demzufolge also keine gute Presse haben.[59] Als CDU-Mitglied, egal ob Parteimann, Vorsitzender oder christdemokratischer Bundeskanzler, könne man sich soviel Mühe geben, wie man wolle, man würde es einfach nicht schaffen, die Auffassung der Journalisten in die eigene Richtung zu lenken; es gehöre zum Image des Intellektuellen, zu dieser Partei auf Distanz zu bleiben. Mit dem Vorurteil müsse man leben.

Adenauer gehörte zu jenen Politikern, die sich aktiv mit der Presse auseinandersetzten. Täglich nahm er sechs bis acht Zeitungen in die Hand, las Pressespiegel, wenn auch nur widerwillig. Es ist Aufgabe künftiger Forschungen, das Auf und Ab der Beziehungen zwischen Tageszeitungen und der Regierung im einzelnen nachzuzeichnen. Wie rasch sich je nach politischer Großwetterlage und Nachrichtenverbreitung das Urteil des Kanzlers über diese oder jene Zeitung änderte, zeigen einige Beispiele. Seine Meinung über den „Spiegel", dieses „Schmierblatt", ist weithin bekannt,[60] und auch den „Stern" hielt er für „sehr minderwertig".[61] Der „Frankfurter Rundschau" bescheinigte er, „ein sozialistisches Blatt" und „eine besondere Giftküche" zu sein, „aber immerhin relativ normal".[62] „Die Welt" kam nicht viel besser davon. Die Kritik an der Wiederbewaffnung 1957 brachte auch ihr vorübergehend das Etikett ein: „mehr oder weniger . . . rein sozialistisches Blatt".[63] Nähe, „zu einem gewissen Grade", verspürte er zur „Kölnischen Rundschau"[64]; Zustimmung fand auch das „Hamburger Abendblatt", „ein Massenblatt", wie von Eckardt 1961 bemerkte, und darauf von Adenauer zur Antwort bekam: „Also freundlich."[65] Die „Süddeutsche Zeitung", sie „nähert sich überhaupt allmählich" im Mai 1960,[66] während es Gerd Bucerius[67] wohl nie gelungen ist, die „Zeit" zu „einem zurückhaltenderen Ton" zu bewegen.[68] Die „Frankfurter Allgemeine" Zeitung gehörte Anfang 1950 zu den Blättern, die er „eine der besten deutschen Zeitungen" nannte,[69] dann aber mit Sethes Kommentaren in seiner Achtung fiel und erst gegen Ende der fünfziger Jahre wieder im Ansehen des Kanzlers stieg.

1956, im Stimmungstief der Regierung, sah Adenauer wieder einmal alle Zeitungen gegen sich.[70] Zwölf Monate später, nach dem grandiosen Wahlsieg, gestand er ein: „Ich finde, daß wir eigentlich gab nicht so ohne Presse sind, nur hält diese Presse nicht immer zu uns." Die Zeitungen „über-

treiben ... nach meiner Meinung, wenigstens zum Teil, etwas das Gefühl der Selbständigkeit und der Freiheit". Unumwunden gab er zu, „daß die journalistische Kraft, die der CDU zur Verfügung steht, viel größer ist, als das im allgemeinen angenommen wird". Allein, ihr fehlte der Gleichklang: „Nur wäre es notwendig, daß diese Blätter unter sich zu einer Annäherung kämen, in gewissen entscheidenden Fragen ein Kurs eingeschlagen wird, der im großen und ganzen der gleiche ist."[71]
Übersehen wir nicht: Adenauers Kritik richtete sich hauptsächlich gegen die überregionale Presse. Sie machte jedoch nur knapp die Hälfte der 1479 Tageszeitungen aus, die 1956 in der Bundesrepublik erschienen. Davon waren 723 Bezirksblätter, also Ausgaben großer Zeitungen mit eigenen redaktionellen und Anzeigenteilen, doch überwiegend CDU-freundlicher Tendenz.[72] Das galt auch für die religiös eingestellte Presse. Es waren mittlere und kleine Tageszeitungen, die sogenannte Heimatpresse, die gerade im Wahlkampf 1953 durch eine geschickte Interviewpolitik eingebunden wurden und Adenauer in Szene setzten. Seine Behauptung, er habe die Wahl gegen einen Großteil der Presse gewonnen, beschreibt nur die eine Medaillenseite.[73] So schlecht, wie er die Resonanz darstellte, war sie in Wirklichkeit nicht. Aber: Kann ein Politiker, der in einem freiheitlichen Staat Tag für Tag auf dem Prüfstand der öffentlichen Meinung steht, überhaupt mit der Presse jemals zufrieden sein?
Noch eine Entwicklung kam Adenauer zugute: Die grundlegende Veränderung der deutschen Medienlandschaft ab Mitte der fünfziger Jahre. Die Gesinnungs- und Meinungspresse wurde von der raschen Entwicklung der Massenpresse überholt. Eng damit verbunden war das Aufkommen der optischen Reizpublizistik, der sprichwörtliche „Bild"-Journalismus. Neben die Magie des Wortes trat die Magie des Bildes. Die aufstrebende Boulevardpresse lebt vom Sensationstrieb des Lesers, rückt den einzelnen ins Blitzlichtgewitter. Der Trend zum Persönlichkeitskult, zur Individualisierung der Politik auf einzelne Personen — wie sie im Wahlkampf 1957 erfolgreich praktiziert wurde —, entsprach dem Kanzlerimage von einer starken Führungspersönlichkeit.[74]

II. Informationspolitik

Wenden wir uns dem zweiten Komplex zu: der Informationspolitik Adenauers. Daß dem Kanzler anfangs Regierungserfahrung fehlte, machte sich vor allem im Umgang mit der Presse bemerkbar. War der Vorsitzende des Parlamentarischen Rates gewohnt, hin und wieder kleine Journali-

stenzirkel, vornehmlich aus dem Kölner Raum, über seine politischen Absichten zu orientieren, so reichte das für die Informationspolitik des Bundeskanzlers nicht mehr aus. Journalisten lassen sich nun mal nicht mit nichtssagenden Erklärungen und erhobenem Zeigefinger abspeisen. Sie wollen über Hintergründe informiert werden. Nicht nur fehlende politische und diplomatische Kanäle geboten es, besseren Kontakt zum Ausland zu unterhalten. Es ging um die Qualität der deutschen Presse insgesamt.[75] Mit der Interviewdiplomatie huldigte Adenauer der Nachrichtenpolitik, einem journalistischen Stil, der in Amerika gewachsen und auf dortige Zustände abgestimmt war, aber den Interessen und Bedürfnissen der deutschen Zeitungen keinesfalls gerecht wurde.[76]
Der Kanzler hat schnell darauf reagiert. Er mußte sein Charisma einsetzen, wollte er die Presse auf seine Seite ziehen. Adenauer aber verabscheute Massenveranstaltungen mit Journalisten, sprich Pressekonferenzen, wo jeder Fragen stellen kann, die in der Sache unkalkulierbar sind. Erst allmählich entwickelte er *seinen* Informationsstil: vertrauliche, informelle Gespräche mit Journalisten, die über Vorgänge auf der Bonner Szene genauestens Bescheid wußten. Er zeigte sich als Meister psychologischer Einfühlung. Indem er Bekanntes und weniger Bekanntes, wohldosiert und raffiniert verstrickt, weitergab, erweckte er beim Gesprächspartner das Gefühl, auf ihn komme es besonders an. Gezielt nutzte Adenauer diese Gespräche zur Darstellung seiner Entscheidungen und Grundüberzeugungen. So unterlagen diese Treffen, überwiegend auf Initiative des Bundeskanzlers bzw. des Presseamtes herbeigeführt, stets dem Nützlichkeitskalkül.[77] Vertrat der Journalist eine bedeutende Zeitung oder Rundfunkanstalt, war eine große Publikumswirkung zu erwarten, war er ein gern gesehener Gast, und der Kanzler widmete sich ihm ausführlich. Erschienen Vertreter weniger breitenwirksamer Zeitungen, wurden sie zwar freundlich empfangen, aber längst nicht so eingehend informiert.
Die Teerunden bildeten da eine Ausnahme. Relativ offen ging er in derartige Rencontres hinein, nahm die Teilnehmer durch Weitergabe nicht zur Veröffentlichung bestimmter Informationen in die Pflicht, wohlwissend, daß der Mensch zu einer absoluten Vertraulichkeit nicht geschaffen ist.[78] Hier pflegte er den Gedankenaustausch, war dialogbereit, entfaltete den Background seiner Politik. Hier war er gezwungen, präzise mit Argumenten zu stechen.[79]
Seine Schlagfertigkeit ließ ebenso aufhorchen wie die gehörige Portion Sarkasmus und Zynismus, die er in seine Ausführungen einfließen ließ. Doch wollte er auch Kritik hören. Gedanken scharfsinniger Zeitungsleute waren ihm ein willkommenes Korrektiv zu umständlichen Vorschlä-

gen der Bürokratie. Unter den Nichtberücksichtigten schürte das Neid und verletzte die Eitelkeit. Die Teerunden waren deshalb ein Herd ständiger Querelen.[80]

Adenauers Beziehungen zur Presse sind selbstverständlich auch von seinen Mitarbeitern im Kanzleramt und im Bundespresseamt maßgeblich mitgestaltet worden. Bereits mit der Entscheidung, das Presseamt dem Bundeskanzleramt zu unterstellen, hatte Adenauer ein Zeichen gesetzt.[81] Doch lag darin auch die Ursache mancher Auseinandersetzung unter den Ressorts über die Konzeption und Organisation der Öffentlichkeitsarbeit.[82]

In der Rolle des Regierungssprechers wünschte sich Adenauer einen „demokratischen Goebbels".[83] Er sollte das Volk von der Richtigkeit seiner Regierungspolitik überzeugen und die Presse in diesem Sinne einstimmen. Nun hatte er mit der Wahl seiner ersten Regierungssprecher wenig Fortune. Sein persönliches Verhältnis zu Heinrich Böx[84], Paul Bourdin[85], Heinrich Brand[86] und Fritz von Twardowski[87] stand unter keinem günstigen Stern. Es waren entweder gute Beamte mit wenig Erfahrung im Umgang mit der Presse, vornehmlich auf Informationen bedacht, oder es waren Journalisten, die nicht recht die Regierungsinteressen zu verkaufen wußten und unsicher im Aufbau des Apparates waren.[88] Zudem wurden sie oftmals ohne Instruktionen des Kanzlers dem Fragebombardement der Pressekonferenz ausgesetzt und mußten sich nachher die Kanzlerschelte anhören.[89] Zwangsläufig gewannen die Berater Lenz und Globke Einfluß. Ersterem ging es mit Erich Peter Neumann[90] in der Erforschung der Meinungsumfragen um neue Wege[91]; er beabsichtigte, auch außerhalb des Verwaltungsapparates, zusammen mit der Wirtschaft neue Public-relations-Methoden für die Kanzler- und Demokratiewerbung einzusetzen.[92] Als Lenz 1953 seinen Einfluß an der Spitze eines Informationsministeriums installieren wollte, nahm Adenauer kurzerhand Abstand von ihm.[93]

Erst das Gespann Felix von Eckardt und Werner Krueger brachte ab 1952 Stabilität in die Arbeit des Presseamtes. Der legendäre „Felix" war für Adenauer sicherlich ein Glücksfall. Leger, unbekümmert, humorvoll verstand er sich auf das tägliche Kunststück der Äquilibristik von Regierungspropaganda und kritischer Publizistik. Loyal, mit Esprit, stets für eine Schlagzeile gut, verteidigte er den alten Herrn vor bohrenden Fragen der Journalisten. Und wenn es einmal ganz schlimm wurde, scheute er nicht, gleich dem Till Adenauer den Spiegel vorzuhalten[94] — Eigenheiten, die der Kanzler in ausgewogener Dosierung durchaus schätzte.

Als die Informationspolitik 1955/56 aus verschiedenen Gründen darniederlag und der Wahlkampf vor der Türe stand, kehrte das bewährte Duo von Eckardt/Krueger wieder ins Amt zurück.[95] Die Betriebsstörungen wurden behoben, indes war von Eckardt über die Rolle des bloßen Regierungssprechers hinausgewachsen. Mehr als bislang bekannt sein dürfte, stieg er neben Globke zu den einflußreichsten Figuren um den Kanzler auf. Nachhaltige Spannungen traten nach Chruschtschows Berlin-Ultimatum 1958 auf.[96] Von Eckardt teilte im Hinblick auf die einzuschlagende Strategie in der Wiedervereinigungs- und Ostpolitik nicht ganz die Einschätzung seines Chefs. Die Englandpolitik sah er gegenüber den deutsch-französischen Beziehungen im Hintertreffen.[97] Ein zusätzlicher Reibungspunkt war die ungeklärte Nachfolgefrage, die von Eckardt zugunsten Erhards lösen wollte. Adenauers Meinung über das Presseamt verschlechterte sich zusehends, je lauter die Kritik an seiner Außenpolitik wurde. Er warf dem Amt zu geringe öffentliche Resonanz vor angesichts einer elfjährigen erfolgreichen Regierungspolitik. Im Mai 1960 stellte er sogar resignierend fest: „Das Bundespresseamt ist wirklich keinen Schuß Pulver wert".[98] Die Angst vor dem Machtverlust und die Sorge um fehlende Propagandamöglichkeiten für die bevorstehende Bundestagswahl 1961 kamen hier zum Ausdruck.

Kontakte zur Auslandspresse sind Teil der Außenpolitik. Sie zu pflegen ist genauso wichtig wie die offiziellen diplomatischen Beziehungen. Das durchweg gute Verhältnis Adenauers zu den Korrespondenten war hauptsächlich getragen von seiner Persönlichkeit als Politiker und vom Westkurs seiner Außenpolitik. Sie erleichterte es ihm, sich Gehör und Unterstützung im Ausland zu verschaffen.

Im wesentlichen waren es drei Gründe, die Adenauer 1949/50 zu der Interviewpolitik[99] veranlaßten: Einmal stand in der Tat kein anderer Weg offen, das Ausland über die Ziele der Bundesregierung in Kenntnis zu setzen[100]; zweitens kamen deutsche Zeitungen dafür nicht in Betracht, weil sie im Ausland kaum Beachtung fanden[101]; und schließlich hielt er die Berichterstattung gerade der amerikanischen Presse für „oberflächlich und irreführend".[102] Wie gering das Interesse der Auslandspresse an der Bonner Politik in dieser Zeit war, verdeutlicht die Zahl von nur 17 akkreditierten Korrespondenten; 1963 waren es immerhin 181.[103]

Die frühen Kanzlerinterviews belegen zugleich, wie unerfahren man die ausländische Presse behandelte. Viele werden das berühmte Interview mit John Leacacos[104] von der Provinzzeitung „Cleveland Plain Dealer"[105], dem Frühstücksblatt aus der Heimat Trumans, über eine mögliche Wiederbewaffnung der Deutschen für den Gipfel an Subtilität und Virtuosität Adenauerscher Informationspolitik halten; in Wirklichkeit war es eine pressepolitische Panne ersten Ranges, die dem Ansehen der Bundesregierung bei der internationalen Presse mehr geschadet als genutzt hat.

Obschon sich die Beziehungen besserten, kam es noch des öfteren zu Spannungen.[106] Versuche, mit der Auslandspresse ebenfalls Teegespräche einzurichten, scheiterten. Die meisten Korrespondenten wollten Informationen für eine Nachricht haben. Nur einzelne waren an Hintergrundberichten interessiert. Rivalität kam stets dann unter ihnen auf, wenn Absprachen über Diskretionen gebrochen wurden. In Gesprächen mit Starkommentatoren wie Walter Lippmann[107], Joseph Alsop[108], James Reston[109] oder dem Ehepaar Gruson[110], die nicht nur wie gekrönte Häupter auftraten, sondern sich auch so fühlten, war Vorsicht geboten. Nie konnte man sicher sein, ob sie nicht doch unbedachte Äußerungen publizieren würden.[111]

Vielleicht noch mehr als bei inländischen Zeitungen hatte Adenauer ein Fingerspitzengefühl für Veränderungen in deren Berichterstattung. So sagte er beispielsweise Charles Hargrove[112] freundlich, aber bestimmt, daß ihm gewisse Kritiken der „Times“ an der Bonner Regierung einfach falsch zu sein schienen.[113]

Eine Sonderrolle nahm zweifelsohne Cyrus Leo Sulzberger[114] von der „New York Times“ ein. Ihn schätzte Adenauer als einen der bestinformierten Publizisten und Kenner der amerikanischen Politik.[115] Lobeshymnen verdiente ebenso die „Neue Zürcher Zeitung“. Sie beachtete der Kanzler, weil sie „in wirklich vortrefflicher Weise über das Geschehen draußen“ informiert[116]; doch auch, weil er um ihre Resonanz als deutschsprachige Zeitung im westlichen Ausland wußte.

III. Rundfunk und Fernsehen

Kommen wir zum dritten Abschnitt: Adenauer, der Rundfunk und das Fernsehen. Beim Abschied des Kanzlers vom Presseamt 1963 hob Regierungssprecher Karl-Günther von Hase zu recht hervor, daß Adenauer der erste deutsche Regierungschef gewesen sei, der mit dem Gebrauch moderner Massenkommunikationsmittel konfrontiert wurde, sich aber auch ihrer Kritik habe unterwerfen müssen.[117]

Adenauer stand dem Rundfunk schon wegen der Wirkungsmöglichkeiten auf Wählermassen aufgeschlossen gegenüber. Von der ersten Stunde an nutzte er ihn für die parteipolitische Aufbauarbeit.[118] Seine gespannten Beziehungen zu den Sendeanstalten sind im Zusammenhang mit der

Entwicklung des Rundfunksystems in Westdeutschland zu sehen. Ihr lag von seiten der Besatzungsmächte kein stimmiges Konzept zugrunde.[119] Vor allem die britische Besatzungsmacht, genauer: Hugh Carleton Greene[120], orientierte sich an den Leitgedanken und Erfahrungen des nationalen Rundfunksystems.[121] Bereits bei der Gründung des Nordwestdeutschen Rundfunk-Verbandes 1945 setzte sich bei Adenauer die Überzeugung fest, die Labour-Regierung wolle damit massiv zugunsten der SPD Propaganda treiben.[122] Und noch im März 1961, nach Verkündung des Rundfunk-Urteils durch das Bundesverfassungsgericht, beklagte er: „Wäre damals in England eine konservative Regierung an der Macht gewesen, wären wir an die Reihe gekommen."[123] Ebenso wie die meisten Zeitungen hielt er auch das Rundfunkwesen für in der Wolle sozialistisch gefärbt, und zwar radikal-sozialistisch. Neun von zehn Sendeanstalten glaubte er in Händen der SPD.[124]

Seine frühen Auseinandersetzungen mit der Führung des NWDR über mangelnde Objektivität in der Berichterstattung und Kommentierung waren ein verdeckter Konflikt mit der Besatzungsmacht über die seiner Meinung nach ungerechte Behandlung der CDU.[125] Hilfe erhoffte sich Adenauer vom bereits 1950 in Angriff genommenen Bundesrundfunkgesetz.[126] Beabsichtigt war, die Funkhoheit von den Besatzungsmächten auf den Bund zu übertragen.

Adenauer wollte durch einen starken Einfluß des Bundes auf den Rundfunk ein Gegengewicht zu dem Rundfunk-Monopol der Länder schaffen. Er begründete das Mitsprache- und Entscheidungsrecht der Regierung letztlich mit den Mehrheitsverhältnissen im Deutschen Bundestag.[127] Der Anspruch der Länder auf Beibehaltung ihrer Kulturhoheit im Rundfunkwesen — so wie sie es aus dem Grundgesetz interpretierten — war für ihn ein abgeleitetes Recht. Da die Verfassungsväter das Rundfunkrecht 1948 nicht in die Kulturpolitik einbezogen hätten, widerspreche es „absolut dem Geist des Grundgesetzes, diese Bestimmung heranzuziehen."[128]

Im Kern war der Konflikt um das Bundesrundfunkgesetz ein Machtkampf auf drei Ebenen: Bis 1955 mit den Hohen Kommissaren um die Ablösung der Funkhoheit, seit 1950 zwischen Bund und Ländern um die Ausgestaltung des Föderalismus sowie zwischen den CDU-Ministerpräsidenten und dem Bundeskanzler um den medienpolitischen Kurs der Partei.

Mit der Auflösung des NWDR[129] 1955 und der Gründung von NDR und WDR hatte Adenauer einen Teilerfolg erzielt: Allein für Nordrhein-Westfalen einen Sender zu haben, der nicht unter dem Einfluß der Besatzungsmächte gegründet worden ist. Die Chance, mit dem WDR eine von

der CDU beeinflußte Anstalt zu errichten, schlug jedoch mit dem Sturz der Regierung Arnold 1956 fehl.
Die Auseinandersetzungen um das Bundesrundfunkgesetz wurden ab Mitte der fünfziger Jahre durch drei weitere Faktoren erschwert: Zum einen die technische Bereitstellung neuer Frequenzbereiche, die die Ausstrahlung mehrerer Programme ermöglichte, zweitens die Entwicklung des Fernsehens und drittens, mit der Erlangung der Souveränität 1955, die Übertragung der Funkhoheit auf den Bund, der bekanntlich über keinen eigenen Sender verfügte.[130]
Adenauers innere Einstellung zum Fernsehen und seine Bereitschaft, dieses neue Medium für politische Zwecke zu nutzen, standen in diametralem Gegensatz. Der Kanzler lehnte das Fernsehen als Unterhaltungsinstrument ab. Er sah den Menschen der Macht des Fernsehens, der Neigung, bei allem unmittelbar dabei zu sein — „live" heißt das heute —, völlig ausgeliefert. Es zerstört das Familienleben und läßt nur wenig Raum für zwischenmenschliche Kommunikation.[131] Der Mensch verdummt. Was eigentlich die Faszination des Fernsehens ausmacht, darüber war Adenauer sich sehr lange im unklaren. Das gesprochene Wort entschwindet schnell dem Gedächtnis, beim Fernsehen bleibt das Visuelle wahrscheinlich stärker haften. „Ob das gut ist, weiß ich auch nicht", bemerkte er 1963 lakonisch.[132]
Die Wirkungsmöglichkeiten auf die politische Meinungsbildung sind ihm dagegen schon recht früh klargeworden. Das Fernsehen versteht, Emotionen zu wecken. Es übt damit einen „schreckenerregenden Einfluß" aus.[133] Bedenklich schien ihm außerdem, daß die Beeinflussung breiter Wählermassen in die Hände weniger Leute gelegt wird und daß in der Hauptsache jene Leute fernsehen, „die", so Adenauer, „wirklich nicht sehr politisch denken, die aber eine Wählerstimme haben, die soviel wert ist wie die Wählerstimme des größten Intellektuellen".[134]
Hinzu kam, daß die enormen Wachstumsraten jener Zeit beeindruckten. 1953 wurden lediglich 1500 Fernsehgenehmigungen erteilt, 1954 21.700, die Zahl verfünffachte sich 1955 auf 121.000 und verdoppelte sich bis 1959 jährlich. 1957/58 war die Millionengrenze — allgemein als Durchbruch des Fernsehens gewertet — überschritten, am Ende der Kanzlerzeit waren es immerhin 8,5 Millionen Fernsehgenehmigungen. Bei 10 Millionen Genehmigungen — das als weiterer Maßstab — konnte etwa die Hälfte der Bevölkerung damit erreicht werden.[135]
Was für den Rundfunk galt, galt natürlich auch für das Fernsehen: Adenauer war davon überzeugt, das Fernsehen werde von Sozialdemokraten beherrscht. Er verfolgte die Diskussion um die Gestaltung des Bundes-

rundfunkgesetzes daher hauptsächlich unter wahltaktischen Gesichtspunkten. Wenn die Regelung nicht im Sinne der CDU erfolge, meinte er im November 1959 vor dem Bundesvorstand seiner Partei, könne man 25 Prozent der Erfolgsaussichten für die Wahl 1961 abschreiben.[136] Schon zu diesem Zeitpunkt glaubte er, in den Verhandlungen mit den Ministerpräsidenten der Länder sei man vielleicht zu weich gewesen. Ob dies nun in erster Linie eine antiföderale Position war, um den Einfluß der Länder auf die Kulturpolitik zu mindern, oder ob es ein Argument war, den Einfluß der Landesfürsten in der eigenen Partei einzudämmen, diese Fragen bedürfen noch genauerer Untersuchung. Wie überhaupt die Einzelheiten dieser Vorgänge kaum erforscht sind.[137]

Als jedenfalls im Sommer 1960 noch kein Einvernehmen mit den Ministerpräsidenten hergestellt war, meinte Adenauer handeln zu müssen. Seiner Auffassung nach war das Zweite Fernsehen mit den CDU-Ministerpräsidenten nicht mehr durchführbar. Also war der Bund am Zuge. Die Vielzahl der Motive für die Gründung der privaten Deutschland-Fernsehen GmbH läßt sich jetzt noch nicht genau ausmachen. Über die Haltung der Ministerpräsidenten war er jedenfalls so verbittert, „wie ich in meiner ganzen parteipolitischen Tätigkeit bisher noch nicht gewesen bin".[138] Wer jedoch annimmt, Adenauer habe bloß ein Regierungsfernsehen gewollt, unterstellt ihm, er habe nicht die damit verbundenen Risiken erkannt.

Sein eigenständiges Vorpreschen war — jedenfalls soweit mir bekannt ist — von einem kurzfristigen und einem längerfristigen Ziel bestimmt: Zunächst sollte so schnell wie möglich neben dem Ersten ein der CDU nahestehendes Zweites Fernsehen für den Bundestagswahlkampf 1961 zur Verfügung stehen.[139] Dabei war das Konkurrenzargument in zweifacher Hinsicht von Bedeutung: Adenauer wollte am 1. Januar 1961 das Zweite Fernsehen auf privatwirtschaftlicher Basis als Gegengewicht zu den von Sozialdemokraten beherrschten öffentlich-rechtlichen Sendeanstalten. Ein kommerzielles Fernsehen, wie es als abschreckendes Beispiel aus den USA bekannt war, hatte er wohl nicht im Auge. „Privatwirtschaftlich" hieß damals: In den Fernsehgremien sitzen nicht unkündbare Beamte, die über die Medienpolitik bestimmen, sondern kündbare Angestellte, die nach gewisser Zeit ausgetauscht werden können. Außerdem ließ sich das zweite Programm als erweitertes Angebot für den Fernsehzuschauer wählerwirksam präsentieren. 1961 sprachen sich 56 Prozent der Bevölkerung dafür aus.[140] Auf lange Sicht aber sollten die ARD-Sendeanstalten allmählich auf dem Wettbewerbsweg vom Zweiten Fernsehen „an die Wand ge-

drückt" werden; „und das werden wir auch!", machte Adenauer unmißverständlich klar.[141]
Das taktische Lavieren der CDU-Ministerpräsidenten, insbesondere Peter Altmeiers, die Klage der SPD-regierten Länder und das Urteil des Bundesverfassungsgerichts vom 28. Februar 1961[142], sie zusammen brachten den Plan, ein vom Bund dirigiertes Fernsehen einzurichten, zum Scheitern. Es war eine Niederlage für Adenauer, der nicht verstehen konnte, daß das oberste deutsche Gericht alles so föderalistisch auslegte.[143] Geärgert hat ihn der verhängnisvolle Fehler seiner Partei, sich über die elementaren Fragen der Propagandamöglichkeiten zu zerstritten zu haben, daß am Ende wegen fehlender Geschlossenheit der eigenen Reihen der Sieg verspielt wurde. Und das, wo die nächste Wahl, dessen war Adenauer sicher, entschieden würde durch Fernsehsendungen und nicht durch Reden und — man höre — auch nicht durch geleistete Arbeit.[144]
Das Karlsruher Urteil trug erheblich dazu bei, die Zweifel an seinen Führungsqualitäten und damit die Position seiner innerparteilichen Gegner zu stärken. Wie der Urteilsspruch in seinen medienpolitischen Auswirkungen zu bewerten ist, bleibt den hier versammelten Fachleuten überlassen. Eine für die Forschung sicherlich interessante Frage dürfte sein, welche Rolle Adenauer trotz der Niederlage bei der Gründung des Zweiten Deutschen Fernsehens[145] gespielt und ob er sich da, wie angekündigt, „herausgehalten" hat.
Mit diesen Zitaten ist das Verhältnis Adenauers zum Fernsehen keineswegs erschöpfend charakterisiert. Wie er die Möglichkeiten der Selbstdarstellung genutzt hat, bleibt eine weitere, äußerst interessante Frage an die Zeitzeugen. Hinzuweisen wäre hier beispielsweise auf die Rundfunkinterviews mit Ernst Friedlaender[146] oder die Reihe großer Staatsbesuche und Gipfelbegegnungen, bei denen der Kanzler ausreichend Gelegenheit zu Auftritten in den Medien bekam. Bekanntlich hatte er bereits in den zwanziger Jahren eine gewisse Schwäche dafür, sich mit hochrangigen Persönlichkeiten in der Öffentlichkeit zu präsentieren, die ihm ein staatsmännisches Erscheinungsbild verliehen.
Fassen wir zusammen: Wie jeder andere Politiker, so war auch Adenauer der Meinung, daß die Presse ein unverzichtbares Mittel zur Durchsetzung und Verbreitung seiner Ziele, gemeinhin ein Instrument zur Machterhaltung darstellt. Er wußte um die Unberechenbarkeit der Presse. Aber ein Vollblutpolitiker, wie er nun einmal war, kapituliert nicht, solange er Möglichkeiten der Einflußnahme und Veränderung sieht. Gelernt aber hatte er eines: „ ‚Man soll nie mit Zeitungen und kleinen Jungen Krach anfangen; denn die Zeitungen und die kleinen Jungen rufen immer etwas hin-

ter einem nach; dagegen kann man nichts machen.' Und dieser Satz — ich habe es . . . oft erfahren müssen — ist absolut zutreffend. Also, dann schweigt man am besten."[147]
Dem, meine Damen und Herren, habe ich nichts mehr hinzuzufügen. Ich danke Ihnen für Ihre Aufmerksamkeit.

Karl-Günther von Hase:

Ich glaube, meine Damen und Herren, wir sind Herrn Dr. Küsters alle sehr dankbar für dieses einführende Gesamtreferat. Ganz sicher hat jeder von Ihnen das Gefühl, daß es viel Stoff zur Diskussion bieten wird. Herr Küsters hat ja selbst zur kritischen Überprüfung und zu Ergänzung aufgerufen.

Werner Krueger

KONRAD ADENAUER UND DAS BUNDESPRESSEAMT

Meine Damen und Herren, — und wenn ich mich im Saal umschaue, möchte ich hinzufügen: liebe Kolleginnen und Kollegen von diesseits und jenseits der Regierungsbank, von diesseits und jenseits der Stühle und Sessel bei Informationsgesprächen und von diesseits und jenseits der Bank der Pressekonferenzen in Bonn!

Meine Damen und Herren, diese Anrede ist kein Zufall, sondern sie ist ein gewisser Brückenschlag zu dem, was ich Ihnen — ich formuliere das Nächste bewußt — erzählen und berichten will. Die Kollegen und ich hier sind nämlich aufgefordert worden, nach der wissenschaftlichen Darlegung aus ihrem eigenen Erleben zu sprechen, und das unterscheidet sich natürlich erheblich von dem, was Sie bisher hören konnten.

Lassen Sie mich beginnen mit einem ganz kurzen Rückblick, — nicht um Stationen Konrad Adenauers aufzuzählen, sondern um Ihnen zu sagen, seit wann ich die Gelegenheit hatte, Konrad Adenauer in Pressefragen unmittelbar kennenzulernen und zu erleben.

Konrad Adenauer ist 1946 zum Vorsitzenden der CDU der britischen Zone gewählt worden, in der gleichen Zeit, als — wie kurz angedeutet — in der britischen Zone die Zeitungen lizenziert wurden. Bei meinen Vorüberlegungen zu dem, was ich Ihnen erzählen wollte, bin ich auf einen Rückblick von Herrn Professor Morsey gestoßen, der in der „Frankfurter Allgemeinen" Zeitung vor längerer Zeit unter der Überschrift „Adenauer und der Weg zur Bundesrepublik" veröffentlicht worden ist. Ein Zitat daraus: „Adenauer hat 1946 einen Fehler vermieden, der vor 1933 seiner Stellung in Köln erheblich geschadet hat, nämlich seine geringschätzige Behandlung der Presse. Ab 1946 hielt Konrad Adenauer dauernden Kontakt zu Verlegern, Rundfunkintendanten und Journalisten."[148]

Diese Feststellung kann ich aus eigener Erfahrung nur bestätigen. Mein Verlag hatte mich Ende 1946 als Parlamentskorrespondent nach Düsseldorf geschickt. Im Winter 1946/47 hat Dr. Adenauer — damals war er Vorsitzender der CDU-Fraktion im nordrhein-westfälischen Landtag — regelmäßig mindestens zweimal im Monat die in Düsseldorf ansässigen

Parlamentskorrespondenten empfangen, ihnen die Grundsätze seiner Politik dargelegt, aber auch allgemein informiert, insbesondere über das, was er beim Zonenbeirat in Hamburg erlebt hatte.
Das ging so weiter. Im Frühjahr 1947 waren bekanntlich die ersten Landtagswahlen in Nordrhein-Westfalen — und die Regierung Arnold wurde gebildet. Ich verrate kein Geheimnis — Sie wissen es alle —, daß Adenauer mit deren Zusammensetzung keineswegs einverstanden war, und das hat er im Frühjahr 1947 gegenüber ihm vertrauten Korrespondenten in Düsseldorf bereits sehr deutlich zum Ausdruck gebracht.
Im Sommer 1947 lud Konrad Adenauer mich nach Köln in die damals soeben gegründete Leitung der CDU der britischen Zone ein, um mit mir ein Gespräch über Pressefragen zu führen. Ich weiß noch heute, wie ungefähr die Einleitung dieses Gesprächs lautete: „Die CDU hat bisher keine Presse, die Wirksames für meine Politik und die CDU-Arbeit leisten kann. Die SPD ist uns in dieser Hinsicht weit voraus; wir müssen schnell nachziehen; wir haben und wir wollen" — das war seine Äußerung bereits 1946 — „keine reine Parteizeitung, — ich denke an das Schicksal der ‚Germania' ", fügte er hinzu —, „aber wir brauchen publizistischen Einfluß. Was können Sie vorschlagen?"
So begann das Gespräch, und es endete damit, daß er mir anbot — das war natürlich auch typisch —, nebenberuflich und unentgeltlich unter Beibehaltung meiner Arbeit als Parlamentskorrespondent die Presse- und Informationsarbeit in der Geschäftsstelle der CDU der britischen Zone in Köln in der Robert-Heuser-Straße aufzubauen.
Zum Kern meines Themas „Konrad Adenauer und das Bundespresseamt", das Bundespresseamt als Hauptstelle der Bundesregierung für den Verkehr mit der Presse und allen sonstigen Nachrichtenträgern sowie zu deren eigener und der Bürger Unterrichtung — so steht es im Vorwort zum Haushaltsplan des Bundespresseamtes —: Schon während der Arbeit des Parlamentarischen Rates — ich war inzwischen als Korrespondent in Bonn beim Parlamentarischen Rat zugelassen —, also September 1948 bis Mai 1949, befaßte sich der Präsident des Parlamentarischen Rats, Konrad Adenauer, auch mit der Problematik — er war persönlich davon überzeugt, daß er die Sache in die Hand nehmen müßte —, wie denn wohl künftige Presse- und Informationsarbeit in einer zu bildenden Bundesregierung aussehen sollte. Zwei Dinge haben ihn dabei insbesondere interessiert, nämlich erstens — und das sagte er immer wieder —, welches Instrumentarium notwendig sei, um Pressepolitik überhaupt betreiben zu können, und zweitens, welche Personen man mit einer solchen Tätigkeit beauftragen könne.

In meinen wenigen noch vorhandenen Notizen aus dem Winter 1948/49 finde ich einen Vermerk über „Pressearbeit in und für die künftige Bundesregierung". Die Grundposition zum amtlichen Informationswesen brachte Konrad Adenauer damals in bündiger Kürze — wie immer — auf folgende Formel: „Einen neuen Goebbels brauchen wir nicht und wollen wir nicht; aber ein wirksamer Apparat mit einem presseerfahrenen Mann an der Spitze, das muß unbedingt sein!"

Lange bevor 1977 das Bundesverfassungsgericht auch für die öffentliche Verwaltung Information und Kommunikation in Grenzen als „notwendig und gerechtfertigt" bezeichnete, hat Konrad Adenauer aus Instinkt und Erfahrung gewußt: Ohne öffentliche Resonanz für einen Politiker kein Erfolg, erst recht nicht bei Wahlen.

In diesem Zusammenhang ein weiterer typischer Adenauer-Ausspruch aus der damaligen Zeit: Ein italienischer Korrespondent von Radio Andizioni Italia — es war der später lange Jahre in Bonn tätige Sandro Paternostro[149] — wünschte von Konrad Adenauer aus aktuellem Anlaß ein Interview in dessen Eigenschaft als Parteivorsitzender der CDU der britischen Zone. Ich trug dem Kanzler den Wunsch vor, und seine Antwort lautete: „Journalisten sind nicht immer angenehm, sie sind sogar häufig höchst unwillkommen, aber sie sind für unsereinen unentbehrlich. Und darum muß man sie gut behandeln — soweit das möglich ist. Lassen Sie den Italiener morgen früh um 9 Uhr kommen!"

Meine Damen und Herren, im Parlamentarischen Rat hat es bekanntlich schon eine Pressestelle gegeben, die nach Bildung der Bundesregierung in das Bundeskanzleramt übernommen worden ist. Für die Presse- und Informationsarbeit der Bundesregierung existierten damals mehrere Vorschläge, so vom Präsidenten des Rechnungshofes der Bizone, von Präsident Mayer[150], von Oberdirektor Pünder[151] und auch von den Ministerpräsidenten der Länder in den „Schlangenbader Empfehlungen".[152] Doch als Konrad Adenauer Bundeskanzler geworden war, hat er sich selbstbewußt über diese Vorschläge hinweggesetzt, mit der trockenen Begründung: „Die sind viel zu bürokratisch und viel zu pressefremd." So schuf er dann nach wiederholten Besprechungen — u. a. mit Dr. Böx, dem Leiter der Pressestelle im Parlamentarischen Rat, mit Lambert Lensing[153], dem Verleger der „Ruhr-Nachrichten", mit Dr. Heinen, „Kölnische Rundschau", mit Dr. Sträter[154] und Dr. Boelitz[155] von der „Westfalen-Post", für die ich damals tätig war, vollendete Tatsachen. Herbert Blankenhorn, damals noch sein Persönlicher Referent, teilte in seinem Auftrag dem Bundesfinanzminister Schäffer am 12. Oktober 1949 mit, daß auf Weisung des Bun-

deskanzlers ein eigenes Presse- und Informationsamt der Bundesregierung eingerichtet worden sei.
Das war's! Einen echten Organisationserlaß zur Gründung des Amtes hat es nie gegeben. Vielleicht ist der Geburtstag des Presseamtes der 16. September 1949, nämlich der Gründungstag des Bundeskanzleramtes. Nach organisatorischen und personellen Anlaufschwierigkeiten im Kanzleramt wie im Presseamt — die ich als Parlamentskorrespondent mit großem Interesse verfolgt habe — wurde ab Januar 1950 das Presseamt offiziell die Abteilung II des Kanzleramtes. Man könnte gut darüber meditieren, warum das damals so war, ob dem Kanzler das gepaßt hat, ob dem Personal im Bundeskanzleramt das gepaßt hat. Aber das würde jetzt zu weit führen. Vielleicht ist nachher in der Diskussion Gelegenheit, darauf zurückzukommen.
Da seine Vorgänger nicht reüssiert hatten, ist im Februar 1950 der damalige Regierungspräsident Dr. Brand zum Bundespressechef ernannt worden. Sowohl Konrad Adenauer als auch Dr. Globke stellten sehr bald fest, daß der neue Bundespressechef über keinerlei praktische Erfahrung im Umgang mit der Presse verfügte und auch keinerlei Vorstellungen über Auftrag und Arbeitsweise eines Presseamtes besaß. — Ich sehe Kollegen von damals, die es miterlebt haben, zustimmend den Kopf bewegen. — So lag es nahe, daß der Bundeskanzler alsbald wiederum die ihm vertrauten CDU-Verleger befragte, welchen praxiserfahrenen und vertrauenswürdigen Journalisten, der gleichzeitig etwas von Organisation verstehen müsse, sie ihm für das Bundespresseamt empfehlen könnten. Er sollte dem presseunerfahrenen Dr. Brand zur Seite gestellt werden.
Mir wurde damals bekannt, daß der Kanzler mit einigen Korrespondenten, Redakteuren und Chefredakteuren — es kann sein, daß der eine oder andere sogar unter uns ist — über ihren möglichen Eintritt in das Presseamt gesprochen hat. Um so überraschter war ich, als er mir Ende Februar 1950 antrug, als Persönlicher Referent des Bundespressechefs in das Bundespresseamt einzutreten, um — wie er sich ausdrückte — dort „für Presseeffizienz und Ordnung" zu sorgen. Der Übergang vom freien Journalistenberuf in das Amt eines Behördenbediensteten fiel mir damals nicht leicht, aus mancherlei Gründen. In Klammern darf ich sagen, mein erster Gehaltsstreifen wies 645 Mark und 65 Pfennig aus; ich habe ihn aufgehoben und besitze ihn noch heute. Das war natürlich gegenüber der Journalistentätigkeit mit Steuerprivilegien und allem, was dazukam, ein erheblicher finanzieller Rückschritt. Anläßlich eines — ich will es nennen — „Einweisungsgesprächs" mit dem Kanzler habe ich nebenbei erwähnt, daß auch das bei meiner Überlegung eine Rolle gespielt hätte. Ich

habe nie seine Antwort darauf vergessen — ich habe sie mir unmittelbar hinterher aufgeschrieben —: „Wenn Sie tüchtig sind — und das erwarte ich von Ihnen —, können Sie beim Aufbau des Amtes Karriere machen; Ihr persönlicher Erfolg oder Mißerfolg liegt nur bei Ihnen allein."
Als Richtschnur für meine Arbeit gab er mir auf den Weg: „Sorgen Sie für schnelle und vor allem wirksame Unterrichtung der Presse, aber bedenken Sie immer, alles, was Sie wissen, brauchen und dürfen Sie nicht sagen. Im Amt lassen Sie so wenig Bürokratie wie möglich zu, aber Ordnung und Disziplin müssen sein. Und demnächst überlegen Sie auch mal, ob und wie das Amt vielleicht auch Propaganda für die Regierungspolitik machen kann."
Im Frühjahr und Sommer 1950 beschäftigte ich mich zunächst natürlich mit den Aufgaben und der Geschäftsverteilung für das Presseamt. Der Kanzler, dem das Amt damals formell direkt unterstellt war — die Amtsspitze hatte selbstverständlich unmittelbares Vortragsrecht bei ihm —, wollte mit Verwaltungs- und Aufbauangelegenheiten des Bundespresseamtes, mit Personalfragen und mit Geld nichts zu tun haben; er wollte damit nicht behelligt werden. Er hatte Dr. Globke zum ständigen Verhandlungspartner für das Presseamt mit Entscheidungsvollmacht beauftragt.
Schon bald, im Sommer 1950, entschied der Kanzler, ich solle mich ab sofort so wenig wie überhaupt nur möglich um den Aufbau und Ausbau des Amtes kümmern, sondern meine Arbeit voll auf Presseangelegenheiten ausrichten; Begründung: „Die Wähler wissen zu wenig von unserer Politik, und deshalb sind sie unzufrieden; das muß abgestellt werden."
Infolgedessen fielen mir dann neue Aufgaben zu: Schreiben von Interviewentwürfen für den Kanzler, Informationsgespräche mit Korrespondenten und auch die ersten Pressekonferenzen.
Die Presse- und Informationsarbeit des Amtes erhielt um die Jahreswende 1950/51 durch eine personalpolitische Entscheidung des Kanzlers, ich möchte sagen: einen Schub und eine Wende. Er berief nämlich Dr. Lenz ins Kanzleramt. Professor Schwarz schreibt dazu: dem „umtriebigen Berliner Rechtsanwalt . . . wird von Adenauer der Aufbau eines Propagandaapparates anvertraut, mit dem der Erdrutschwahlsieg von 1953 errungen wird. . . . Dr. Lenz baute das Bundespresseamt aus und gründete dort einen Brain Trust."[156]
Aus meiner Sicht ist die Aussage über den Propagandaapparat nur bedingt zutreffend, weil dieser nämlich deutlich getrennt vom Presseamt und selbständig errichtet wurde. Die Aussage über den Anteil von Dr. Lenz am Ausbau des Bundespresseamtes und der Errichtung eines dortigen Brain Trusts muß ich ebenfalls einschränken. Denn Dr. Lenz hat von

„Pressebürokratie“ und „Pressebürokraten“, wie er uns nannte, überhaupt nichts gehalten. Ich bin sicher, auf diese Zeit und diese Vorgänge wird einer der Hauptbeteiligten von damals, Herr Dr. Jahn, noch zurückkommen.

Im ersten Jahr seiner Kanzlerschaft hatte Konrad Adenauer große Mühe, einen erfolgreichen Bundespressechef — heute würde man sagen Regierungssprecher — zu finden. Im ersten Kanzlerjahr Adenauers gab es bekanntlich drei oder vier in diesem Amt. Die Zeitungen schrieben damals, Konrad Adenauer habe im ersten Jahr seiner Tätigkeit „vier Pressechefs verschlissen“. So wurde dann schließlich Dr. von Twardowski als vierter mit der kommissarischen Leitung des Amtes für einige Monate beauftragt. Der Kanzler aber blieb mit dem Erfolg der Presse- und Informationsarbeit des Amtes weiterhin sehr unzufrieden. Kein Wunder, denn das Jahr 1951 wurde zum Dauertief in informationspolitischer Hinsicht der Regierung, speziell des Kanzlers persönlich. Permanente Schwierigkeiten wegen Grotewohls gesamtdeutscher Aktivitäten[157], der Revision des Besatzungsstatuts, insbesondere aber der Wiederbewaffnungs-Kontroverse und der „Ohne-mich“-Bewegung, des Heinemann-Eklats[158] und des CDU-Desaster bei den Landtagswahlen: Das alles hat damals zu einer dauernden Stimmungsmisere beim Kanzler in bezug auf Öffentlichkeitswirkung geführt.

In dieser unerfreulichen Lage wurde mir zu meinen übrigen Pflichten auch noch die kommissarische Leitung des Amtes übertragen. Und als dann in der Zeit der damalige Bundespräsident Heuss auch noch von mir einen täglichen Pressevortrag erwartete — den ich dann eine ganze Weile gehalten habe —, war es bald soweit, daß ich dem Bundeskanzler sagen mußte: „Das alles auf einmal kann man mit Erfolg nicht tun.“ Ich erinnere mich noch, daß er damals sagte: „Warten Sie mal ab, das wird bald geändert; ich habe schon jemanden im Auge.“

Am 15. Februar 1952 — also immerhin nach einer ganzen Weile — war es dann soweit: Felix von Eckardt wurde zum Bundespressechef ernannt. Wiederum muß ich sagen, das war eine erhebliche Zäsur des Verhältnisses Konrad Adenauers zum Presseamt. Denn damals kam erstmalig ein persönliches Verhältnis des Kanzlers zu seinem Pressechef und damit auch ein anderes Verhältnis des Kanzlers zum Bundespresseamt zum Tragen. Felix von Eckardt hat in seinen Lebenserinnerungen „Ein unordentliches Leben“ geschrieben, er habe „sich niemals einem Berufsstand wirklich eingeordnet.“[159] So war er, und so ist er auch immer geblieben.

Das bedeutete für das Presseamt, daß er und daß ich mit Einverständnis des Kanzlers eine Aufgabenverteilung vornahmen. Felix von Eckardt vertrat das Amt nach außen und entwickelte sich zu einem engen Berater des Kanzlers. Ich baute das Amt weiter auf und aus und vertrat mehr und mehr auf Pressekonferenzen die Innenpolitik. Insgesamt sind es — mit einer zweijährigen Unterbrechung — bis 1966 an die 500 gewesen. Die Unterbrechung dauerte von 1954 bis 1956, und ich muß das aus einem besonderen Grunde hier anführen: Der Kanzler hat mich in der Zeit vom öffentlichen Dienst beurlaubt, und zwar aus einem, wie ich meine, für seine Einstellung zur Informationspolitik typischen Grund: Im April 1954 hat mich der damalige Generaldirektor des Nord- und Westdeutschen Rundfunkverbandes — Hamburg und Köln waren ja damals noch eine Rundfunkanstalt —, Prof. Grimme[160], gefragt, ob ich die neuzubildende Fernseh-Chefredaktion mit geteiltem Dienstsitz — halbe Woche Hamburg, halbe Woche Köln — übernehmen wollte. Gleichzeitig hatte er den Kanzler angeschrieben, ob er mich für diese Aufgabe freistellen würde. So geschah es dann auch, und ich werde nie vergessen, was der Kanzler sagte, als ich mich bei ihm abmeldete; wörtlich: „Gehen Sie nach Köln und Hamburg und lernen Fernsehen! Fernsehen wird nämlich eine ganz wichtige Sache für alle Politiker, und wir brauchen bald in der Bundesregierung jemand, der vom Fernsehen was versteht. Aber wenn ich der Meinung bin, daß Sie hier besser am Platze sind, dann rufe ich Sie wieder zurück."

Und so geschah es dann auch. Als das Regierungsansehen Mitte 1956 einen neuen Tiefpunkt erreicht hatte, wurde Felix von Eckardt aus seiner Position als Botschafter bei der UNO in New York zurückgeholt, ich aus Hamburg und Köln, und beide haben wir im Sommer 1956 unseren alten Dienst wieder angetreten.

Erneut befand sich die Regierung in einem informationspolitischen Dauertief. Dem eingespielten Team gelang es alsbald — nicht zuletzt dank der nie abreißenden Kontakte zum Kanzler —, presse- und informationspolitisch wieder einigen Boden für die Bundesregierung zurückzugewinnen. Diese Arbeit hat nicht zuletzt — natürlich nur zu einem Teil — dazu beigetragen, daß der Kanzler die Bundestagswahl 1957 als einzige mit absoluter Mehrheit gewinnen konnte.

Über das Verhältnis des Kanzlers zum Presseamt bestehen, wie könnte es anders sein, sehr differenzierte Vorstellungen. Ich will versuchen, die damalige Situation durch einige konkrete Aussagen ein wenig aufzuhellen. Der Schlüssel für Adenauers Verhältnis zum Presseamt ist in seiner Antwort zu finden, die er bereits während des Parlamentarischen Rates in einer informationspolitisch schwierigen Situation gab, als ich ihn um eine sogenannte „Sprachregelung" bat. Die Antwort damals lautete: „Ent-

weder kennen und verstehen Sie mich und meine Politik — dann treffen sie schon das Richtige. Oder Sie mißverstehen mich oder begreifen meine Politik nicht — dann sind Sie für diese Aufgabe ungeeignet." Dem Sinne nach ist das so geblieben, solange er Kanzler war.
Die häufigen Äußerungen des Kanzlers aus jener Zeit, „die Presse- und Informationspolitik müßte bei unseren schönen Erfolgen in der Politik viel erfolgreicher sein", sind bekannt. Es soll nicht verschwiegen werden, daß es durchaus Meinungsverschiedenheiten zwischen ihm und seinen Pressesprechern, etwa über den Zeitpunkt der Behandlung der einen oder anderen politischen Frage vor der Öffentlichkeit, gab. Aber im Regelfall hat er die Entscheidung darüber mit der Bemerkung „davon verstehen Sie mehr, das ist ja Ihr Handwerk" den Pressesprechern überlassen, — natürlich solange sie sein Vertrauen hatten. Gelegentlich, wenn eine informationspolitisch schwierige Situation gemeistert war, schrieb er Herrn von Eckardt und mir sogar Dankesbriefe. Das hat er insbesondere getan nach der berühmten Außenministerkonferenz im Januar/Februar 1954 in Berlin.[161] Aber solche schriftlichen Äußerungen seinerseits hatten Seltenheitswert. In der ganzen Zeit habe ich nur einen einzigen negativen Brief von ihm bekommen, nämlich als er sich über eine Äußerung auf der Pressekonferenz beschwerte, und von der stellte sich heraus, daß nicht ich sie getan hatte, sondern ein Sprecher aus einem Bundesministerium.
Einige weitere Schlaglichter auf das Verhältnis Adenauers zum Presseamt ergeben sich im Zusammenhang mit den Themen „Demoskopie", „Reptilienfonds"[162], Öffentlichkeitsarbeit der Ressorts" und der vom Bundesverfassungsgericht so genannten „parteiergreifenden Öffentlichkeitsarbeit".
Den ersten Vorlagen des Presseamtes — auf Veranlassung von Dr. Lenz, er wurde schon erwähnt — mit dem Ergebnis demoskopischer Umfragen begegnete der Kanzler mit großer Zurückhaltung, ja mit Mißtrauen. Noch heute klingt mir im Ohr, was er damals sagte: „Das ist doch Teufelswerk mit der Demoskopie! Wie will man denn das so genau feststellen können, was die Leute politisch und erst recht parteipolitisch denken und wie sie wählen werden! Hellsehern und Zukunftsdeutern habe ich immer mißtraut."
Aber als sich die demoskopischen Vorhersagen für die Landtagswahlen mehr oder minder als im großen und ganzen zutreffende Prognosen erwiesen, hat der Kanzler sie mehr und mehr zu seiner Information und Orientierung herangezogen, zum Beispiel insbesondere in der Auseinandersetzung mit der „Ohne-mich"-Welle damals; da konnte er überhaupt nicht genug von demoskopischen Umfragen und deren Argumenten auf

den Tisch bekommen, um dem Ganzen zu begegnen. Die Grundentscheidung seiner Politik hat er jedoch selbstverständlich niemals von demoskopischen Umfragen abhängig gemacht. Waren die Ergebnisse für seine Politik und das Ansehen seiner Partei besonders schlecht, dann sagte er schon mal unter vier Augen: „Sie haben doch einen Reptilienfonds, ich meine natürlich den Titel 300, offiziell, mit Billigung des Bundestages zur Verfügung! Von seiner nützlichen Verwendung merke ich aber sehr wenig. Sie müssen sich mal was Neues einfallen lassen." Was dann auch gelegentlich geschehen ist.

Diese Feststellung führt zu einer Anmerkung über die vom Bundesverfassungsgericht im Jahre 1977 so genannte „parteiergreifende Öffentlichkeitsarbeit".[163] Wenn sich die Ausübung der Staatsgewalt in größtmöglicher Nähe zum — wie man heute sagt — informierten Bürger abspielen soll und der Prozeß der öffentlichen Meinungs- und Willensbildung durch staatliche Informationsarbeit beeinflußt wird, so beeinflußt dies unvermeidlich auch „parteiergreifend" direkt oder indirekt die Willensbildung der Wahlbürger. Das zu leugnen wäre frommer Selbstbetrug. Als ich Dr. Adenauer im Frühjahr 1953 den Entwurf eines Vorwortes für ein Faltblatt mit dem Titel „Deutschland im Wiederaufbau" vorlegte, meinte er: „Daran haben in Ihrem Amt aber mehr Bürokraten als Presseleute gearbeitet. Ein bißchen deutlicher sollten Sie schon sagen, sonst begreifen die Leute nie, was wir in dieser kurzen Zeit schon alles erreicht haben."

Das war es aber auch. Konkrete Weisungen in Einzelfragen, sei es informationspolitischer Art, sei es die Behandlung pressepolitischer Themen in der Öffentlichkeit, hat er mit ganz wenigen Ausnahmen eigentlich nie gegeben.

Er hat auch niemals verlangt, daß die vom Amt zu vertretende Presse- und Informationspolitik etwa auf seine Person zugeschnitten sein müßte. Wollte man beispielsweise für eine Anzeige oder ein Plakat ein wirksames neues Foto von ihm haben, so hat er zunächst meist unwillig reagiert, so etwa mit der Bemerkung: „Wer mich jetzt noch nicht kennt, wird mich durch Ihre Anzeige auch nicht kennenlernen und erst recht nicht wählen." Aber zum Fototermin stand er selbstverständlich jederzeit pünktlich und ausreichend zur Verfügung.

Lassen Sie mich noch kurz zwei Felder nennen, die in informationspolitischer Hinsicht ständig — es ist eben gesagt worden, deswegen brauche ich es nur anzutippen — Steine des Anstoßes gewesen sind: Die Informationstätigkeit der Bundesministerien und die, wie er meinte — es ist gesagt worden —, linkslastige Nachrichtengebung und -kommentierung zunächst des Rundfunks und später auch des Fernsehens.

Das Verhältnis des Presseamts zu den Bundesressorts wird durch die Verfassungsvorschrift des Artikels 65 GG bestimmt. Danach leitet jeder Bundesminister seinen Geschäftsbereich innerhalb der vom Bundeskanzler bestimmten Richtlinien der Politik selbständig und unter eigener Verantwortung. Dies schließt die Möglichkeit zur Informationsarbeit über den eigenen Geschäftsbereich ein. Daran hat es nie einen Zweifel geben können. Dennoch, mit Unmut nahm Dr. Adenauer über Jahre hinweg mißbilligend zur Kenntnis, daß die Fachressorts jahrein jahraus ihre dem Informationswesen dienenden Einrichtungen ausbauten und den Personalbestand vermehrten. Verhindern konnte er es natürlich nicht. Die stetig wachsende und bisweilen mit seinen Zielen nicht immer ganz übereinstimmende Ressortpolitik auf dem Informationssektor hat gelegentlich zu bissigen Bemerkungen geführt, so eines Tages in einer Kabinettsitzung, als er süffisant seinen Verkehrsminister Dr. Seebohm fragte: „Herr Seebohm, glauben Sie nicht, daß das viele Geld, das Sie für die Kundenwerbung bei der Bundesbahn ausgeben, besser für Rationalisierung und Modernisierung angelegt würde?" So war er. Wenn er in dieser Hinsicht Klage bei seinen Pressesprechern führte, konnte man ihm nur antworten: „Nichts zu machen, Herr Bundeskanzler, Grundgesetz, Artikel 65." Und wenn die Stimmung gut war, fügte man dann gelegentlich hinzu: „Herr Bundeskanzler, und Ihre Richtlinienkompetenz?" — Prompt kam die Antwort: „In solchen Sachen steht sie doch nur auf dem Papier! Die Herren wollen doch wiedergewählt werden, und ein Teil von ihnen will noch mehr als wiedergewählt werden."

Abschließend noch ein Wort zum größten Informationsärgernis während der gesamten Kanzlerschaft Adenauers: Seine unaufhörliche Klage, Nachrichten und Kommentare, Dokumentationen und Diskussionen in Funk und Fernsehen seien fast immer „regierungsunfreundlich", „meist regierungsfeindlich", wie er sich ausdrückte. Über diesen Sachverhalt hat es oft hitzige Auseinandersetzungen gegeben, bisweilen von seiner Seite massive Vorwürfe an das Bundespresseamt, daß dies „nicht genug, nicht wirksam, nicht hinreichend intensiv" und vor allen Dingen „nicht mit den richtigen Rundfunk- und Fernsehleuten zu sprechen" in der Lage sei. Er meinte, auch Rundfunk- und Fernsehleute müßten durch Tatsachen und Zahlen überzeugt werden können. Man müsse sie überzeugen, „damit diese Herren nicht nur nörgeln, kritisieren und alles besser wissen wollen, sondern wenigstens, wenn sie schon nicht anerkennen, objektiv berichten". Daß Journalisten mehr von Distanz und Kritik leben als von Zustimmung oder gar Lob, ging ihm, der den insgesamt erfolgreichen Aufbau in erster Linie sah, nur sehr schwer ein. Seine permanente Rundfunk-

und Fernsehverdrossenheit führte 1960/61 ja zu der Absicht, ein Deutschland-Fernsehen auf privatwirtschaftlicher Grundlage zu schaffen. Darüber wird sicherlich nachher noch zu sprechen sein. Ich möchte hier nur den einen Satz einfügen: auf privat*wirtschaftlicher* Grundlage — es sollte *kein* kommerzielles Fernsehen sein — deswegen, weil er häufig von den Rundfunk- und später auch Fernseh*beamten* gesprochen und gesagt hat: „Wenn die ihr Leben lang in der Position sitzen, dann haben sie überhaupt kein Interesse daran, sich um das zu kümmern, was jeweils gemacht wird; da gehören Journalisten hin, die ihr Amt vertraglich auf Zeit verliehen bekommen, und wenn die Verhältnisse sich ändern, müssen andere Leute hin." Das war ein ganz entscheidender Punkt bei seinen Initiativen damals.

Meine sehr verehrten Damen und Herren, es gibt sicherlich noch mancherlei zu berichten. Die mir zur Verfügung stehende Zeit ist zu Ende. Ich denke aber, daß insbesondere ein Punkt — und damit greife ich etwas auf, was Herr von Hase und Herr Küsters anfangs gesagt haben — in dem großen Feld „Konrad Adenauer und die Presse" in dem Sinne, wie wir es hier verstehen, noch zu erforschen ist: Sein Verhältnis im ersten Jahr zu den drei oder vier sogenannten Bundespressechefs. Darüber gibt es sehr wenig oder gar nichts, was bisher veröffentlicht worden ist. Man kann sehr wenig darüber lesen, wie unsicher der Kanzler im ersten Jahr in der aktuellen Behandlung dieser Herren, ihrer Vorzüge, ihrer Personen, ihrer Fähigkeiten im Kontakt mit der Presse war und warum das in Bonn im ersten Jahr mit diesen vier Herren informations- und pressepolitisch nicht klappen konnte, — was mit der Qualifikation dieser Herren, die alle hervorragende Journalisten und Persönlichkeiten waren, überhaupt nichts zu tun hat. Dieses Feld besonders zu untersuchen wäre meines Erachtens eine lohnende Aufgabe.

Ich bedanke mich für Ihre Aufmerksamkeit.

Karl-Günther von Hase:

Vielen Dank, Herr Krueger. Ich glaube, Sie haben uns mit dieser außerordentlich lebendigen, mit so viel Authentizität angereicherten Darstellung einen guten Einstieg in die im Anschluß an das Referat von Herrn Appel folgende Diskussion gegeben. Wir sollten uns für die Diskussion nachher vielleicht ein paar große Probleme anmerken: Parteipresse, ja oder nein; Propagandaapparat deutlich getrennt, ja oder nein; Führung des Presseamtes am langen Zügel; Differenzen mit der Ressortpolitik usw. Auf diese Weise könnten wir den Versuch machen, die Diskussion auf die wesentlichen Punkte zu konzentrieren.

Reinhard Appel

KONRAD ADENAUER AUS DER SICHT DER PRESSE

Vorweg, meine Damen und Herren, möchte ich den Gastgebern Dank sagen, daß sie mich, den heutigen *Fernseh*-Chefredakteur, zur Mitdiskussion über ein Thema eingeladen haben, das sich auf meine Bonner *Zeitungs*jahre bezieht. Gelegentlich war ich als Reporter und Berichterstatter beim Parlamentarischen Rat, dann ständig — von Februar 1950 bis April 1973 — zuerst für die „Stuttgarter Zeitung" und dann für die „Süddeutsche Zeitung" in Bonn. Ich habe mich über diese Einladung besonders gefreut, denn das waren politisch und journalistisch Pionierjahre, an die man gerne zurückdenkt und die aus der Distanz zu reflektieren mir auch im Blick auf die Zukunft lohnend erscheint.

Mich beschleicht freilich ein wenig Befangenheit, wenn ich mich so umblicke und Kollegen unter uns sehe, die möglicherweise mit größerer Erfahrung und Kompetenz das hier gestellte Thema behandeln könnten. Aber ich hoffe, daß sie ergänzend und korrigierend in die Diskussion eingreifen.

In der Pause habe ich beispielsweise im Gespräch mit Hilde Purwin eine ganz wichtige Korrektur zu dem Referat von Herrn Küsters erfahren. Ich habe auch in der Literatur bei der Vorbereitung meines Referats entdeckt, daß unterstellt wird, Kanzler Adenauer habe das Informationsministerium, das geplant war — ich hätte gehofft, Herr Krueger, daß Sie darauf eingehen — und das Herr Lenz schaffen wollte, durch eigene Initiative wieder fallenlassen.[164] Das ist mir, was meine Erfahrung angeht, neu. Vielmehr erinnere ich mich sehr lebhaft an die einstimmigen, erstmals einstimmigen Proteste der Bundespressekonferenz, der Auslandspresse gegen die Schaffung eines solchen Ministeriums, was bei Konrad Adenauer, wie ich glaube, seinen Eindruck nicht verfehlt hat.

Wie überhaupt die Rolle der Bundespressekonferenz und des Deutschen Presseclubs eine besondere Analyse verdiente! Und wenn ich vom Deutschen Presseclub in Bonn rede, meine ich auch, daß die herausragende journalistische Rolle von Alfred Rapp[165] ein besonderes Kapitel wert wäre. Denn was Alfred Rapp an Verbesserung des Rufs der Journalisten in

Bonn zustande gebracht hat, ist wirklich wert festgehalten zu werden, übrigens auch in seinem Verhältnis zu Konrad Adenauer. Und wenn man von der Bundespressekonferenz und vom Deutschen Presseclub spricht und heute morgen schon von den Teegesprächen bei Konrad Adenauer die Rede war, so sollte man auch erwähnen und für zukünftige Forschungen festhalten, daß es ja zahlreiche Informationskreise in Bonn gegeben hat, zum Beispiel auch den linksliberalen Montagskreis mit Fritz René Allemann[166], Richard Löwenthal[167], Egon Bahr[168], dem auch ich anzugehören die Ehre hatte.

Dank gebührt den Initiatoren für die Wahl des Themas „Konrad Adenauer und die Presse"; denn ich meine, Hanns Jürgen Küsters hat recht — wie die zahlreichen Veröffentlichungen über Konrad Adenauer aus Anlaß des 20. Todestages in diesen Tagen belegen —, daß das Spannungsfeld zwischen Kanzler und Presse bisher in der Literatur und Wissenschaft stiefmütterlich behandelt wurde, man muß sagen: methodisch bisher überhaupt noch nicht angepackt worden ist, obwohl es für die Beurteilung der Nachkriegsgeschichte und die Entwicklung und Stabilisierung der parlamentarischen Demokratie schon von Bedeutung ist, auch der Frage nachzugehen, welche Rolle in der Ära Adenauer die Journalisten — in den Zeitungen, im Rundfunk und im Fernsehen — in diesem Entwicklungsprozeß gespielt haben und welche Rolle ihnen zugemessen wurde, ihnen zusteht und welche von ihnen tatsächlich wahrgenommen worden ist. In einem Vorgespräch sind wir Diskussionsreferenten gebeten worden — Herr Krueger hat auch schon darauf hingewiesen —, als Zeitzeugen persönliche Erfahrungen wiederzugeben, keine Literaturforschung zu betreiben und möglichst zu weiteren Forschungsarbeiten Anregungen zu geben. Außerdem sollten wir nicht länger als fünfzehn Minuten reden.

Herr Dr. Küsters hat in seinem Einleitungsreferat schon viele interessante Fakten zusammengetragen, auf Quellen aufmerksam gemacht, für künftige Forschungen wichtige Fragen gestellt und damit ein vielfarbiges Bild über Adenauers Verhältnis zur Presse gezeichnet. Ich kann es aus eigener Wahrnehmung nicht klarer, einfarbiger und strahlender, sondern höchstens nur bunter machen, ergänzen und vertiefen. Mit zunehmender zeitlicher Entfernung verschwimmen im übrigen die Konturen, und oft bleibt nur das Angenehme in Erinnerung. Das ist eine Gefahr, wenn man sich nicht zur Helden- und Heiligenverehrung versammelt, sondern zu einer nüchternen und späteren wissenschaftlichen Betrachtung beitragen will. Ein Heiliger war Konrad Adenauer gewiß nicht. Ich höre übrigens,daß am Sonntag bei der Gedächtnismesse sein Sohn Paul Adenauer dies ausdrücklich auch in seiner Predigt gesagt haben soll, und ich glaube nicht, daß Konrad Adenauer ein Heiliger sein wollte. Viel eher paßt wirklich — auch nach meiner eigenen Erfahrung und Wahrnehmung — das Bild vom schlauen Fuchs, der seine Gegner sorgfältig in den Blick nahm, seine Kräfte richtig einschätzte und wußte, daß die Macht viel zu gefährlich ist, als daß man, wenn man sie behalten will, mit ihr naiv umgehen darf. Ich habe persönlich eine lange Zeit viele Kommentare gegen und — besonders in der Schlußphase — auch etliche für seine Politik geschrieben und ihn auch in verschiedensten Situationen, darunter auch in wenig staatsmännischen Situationen, erlebt. Dennoch bleibt er für mich eine große geschichtliche Gestalt, als ein Glücksfall der deutschen Nachkriegsgeschichte und als eine herausragende, außerordentliche Persönlichkeit in Erinnerung. Ich habe ihn auf dem Höhepunkt der Macht, etwa 1953 auf dem CDU-Parteitag in Hamburg nach der ersten Amerika-Reise[169], nach dem Moskau-Besuch 1955 mit der Heimführung der deutschen Kriegsgefangenen oder auch nach dem schon erwähnten großen Wahlsieg von 1957 erlebt, und von damals habe ich noch im Ohr, wie er sagte: „Jetzt dürfen wir nicht übermütig werden, wir müssen an die nächsten Wahlen denken." Ich habe erlebt, wie er am Tag nach dem Mauerbau, am 14. August 1961, in Regensburg den Berliner Regierenden Bürgermeister Willy Brandt als „Herbert Frahm" diffamierte.[170] Und ich habe ihn auch in der Einsamkeit seines Büros im Bundesratsflügel als abgedankten Kanzler gegen Erhard und Schröder Gift und Galle sprühend erlebt, weil er fürchtete, sie würden sein Lebenswerk der deutsch-französischen Aussöhnung und deren vertragliche Verwurzelung verspielen.

Ich denke an die vertraulichen Informationsgespräche — ich habe bei der Vorbereitung dieses Diskussionsreferates Notizen darüber gefunden — am 17. Dezember 1965 und 13. Mai 1966 unter vier Augen. Ich habe einiges dessen, was ich da gehört habe — nicht alles —, wörtlich festgehalten. Da warf er Erhard und Schröder vor, Frankreich und de Gaulle schlecht und politisch völlig falsch zu behandeln und es sogar auf einen Bruch ankommen zu lassen. Als ich ihn fragte, warum er denn nicht selbst mit de Gaulle rede, antwortete er: „Ich bin ja nichts mehr." Außerdem beschwerte er sich, daß er vom Außenministerium fast von allen Informationen abgeschnitten sei und zum Beispiel keine Botschaftertelegramme mehr erhalte. Das Gespräch berührte nach meinen Notizen noch mehrere Themen, auf die ich jetzt bewußt nicht zu sprechen kommen möchte, — nicht weil Journalisten schreibfaul sind, Herr Küsters, oder weil ich dagegen wäre, daß sie nach einer angemessenen Frist im Interesse einer geschichtlichen Würdigung etwas zur Diskussion stellen sollten. Aber dazu braucht man halt ein bißchen Zeit, und das kann man während eines aktiven Berufs schwer leisten.

Eines jedoch möchte ich noch anfügen, weil Dr. Luchsinger unter uns ist. Adenauer versicherte mir damals nämlich, er lese täglich die „Stuttgarter Zeitung" und die „Neue Zürcher Zeitung" (die hier nicht erwähnt wurde), wobei er sagte — ich habe das wörtlich aufgeschrieben —: „Da lese ich nur die beiden ersten Seiten, das andere ist ja Quatsch." Daß er zu dieser Zeit auch die „Stuttgarter Zeitung" — deren Korrespondent ich war — las und das wohl nicht nur aus taktischen Gründen sagte, ist glaubwürdig, weil unser Blatt in dieser Zeit in der heftigen Auseinandersetzung zwischen Atlantikern und Gaullisten mit unserem Außenpolitiker Dieter Cycon[171] eindeutig Adenauers de Gaulle-Kurs unterstützte. Was ich persönlich übrigens auch engagiert und von Herzen getan habe, weil für mich unvergeßlich war, wie man uns in der Schule Frankreich als Erzfeind einzutrichtern versucht hat.

Das gibt mir aber auch Gelegenheit für einen wichtigen Hinweis, nämlich, daß man das Thema „Adenauer und die Presse" nicht nur aus Bonner Sicht sehen darf. Das gäbe nämlich ein falsches Bild. Die Bonner Zeitungsjournalisten waren damals stärker als heute in erster Linie Berichterstatter, Transporteure von Informationen, weniger Kommentatoren. Übrigens, eine soziologische Analyse der Zusammensetzung des Bonner Pressecorps von damals wäre für das Gesamtthema interessant. Studenten wie Lothar Ruehl[172] und Gerd Schroers[173] oder Journalisten, die schon unter Hitler schrieben, waren ebenso darunter wie ehemalige Wehrmachtsoffiziere wie Conny Ahlers[174] oder Ludwig von Danwitz[175]. Ein Kollege, mit dem wir in der Freizeit fröhlich Handball spielten, entpuppte sich als ein Kriegsverbrecher (Rademacher)[176], — was mir erwähnenswert erscheint, um Ihnen zu vergegenwärtigen, daß am Anfang alles neu, zusammengewürfelt und recht unübersichtlich war.

Bei dem, was die Bonner Zeitungsjournalisten ihren Heimatredaktionen durchtelefonierten oder durchtickerten, war nicht sicher, ob der Bericht in der gelieferten Länge und mit welcher Überschrift er veröffentlicht wurde, das heißt mit welchem Akzent, und das konnte auch heißen, mit welcher Tendenz er versehen wurde. In den Gründerjahren gab es immer wieder morgendliche Gespräche mit Kollegen und Politikern darüber, daß sich die Zentralredaktion eine Kürzung oder eine andere Überschrift oder einen Zusatz aus der Agentur geleistet hat. Entscheidend dafür, welche Bedeutung oder welches Ansehen eine Zeitung in Bonn hatte — und damit übrigens schließlich auch, welche Informationsquellen dem jeweiligen Bonner Korrespondenten aufgeschlossen wurden —, war nicht allein der Korrespondent, sondern oft auch die Heimatredaktion und deren politische Einstellung, oft auch die des verantwortlichen Redakteurs; und dann kam es darauf an: War er ein Adenauer-Verehrer oder ein Adenauer-Gegner. Herr Küsters hat darauf auch schon hingewiesen.

Bei meiner Zeitung war es so: In den fünfziger Jahren war der zuständige Redakteur für meine Berichte auf der Seite 1 ein entschiedener Gegner der Wiederbewaffnung. Ich selbst war mit Glück als Soldat und russischer Gefangener mit dem Leben davongekommen. Adenauers Wiederbewaffnungspolitik mit dem Westen fünf Jahre nach Kriegsende empfanden wir als eine Provokation und als sicheren Weg zur Verhinderung der Wiedervereinigung. Deshalb machte meine Zeitung dagegen Front, und ich war damals stolz, als erster und einziger Journalist Gustav Heinemanns Memorandum, mit dem er sein Ausscheiden aus dem Kabinett Adenauer wegen des Truppenangebots begründete[177], in der „Stuttgarter Zeitung" im Wortlaut exklusiv veröffentlicht zu haben. Acht Jahre später kam es dann übrigens im Bundestag zu der großen Abrechnungsrede Heinemanns[178], die mir auch deshalb als so denkwürdig in Erinnerung geblieben ist, weil der schwer angegriffene Adenauer — auch Dehler hatte scharfe Attacken geritten — ohne jede Hilfe aus der Fraktion blieb. Kurt Georg Kiesinger, der bei der Kabinettsumbildung 1957 unberücksichtigt geblieben war, half ihm mit keinem Wort und rührte für Konrad Adenauer keinen Finger. Wenig später ging er nach Stuttgart und wurde Ministerpräsident von Baden-Württemberg.[179]

Zu meiner Zeitung und zu Adenauer: In den sechziger Jahren, als es dann um den deutsch-französischen Vertrag ging, ließ sich unsere Zeitung von keiner anderen im Engagement übertreffen. Die Aussöhnung mit den Franzosen und den Juden stand übrigens als politisches Ziel im Anstellungsvertrag meiner Zeitung, und ich habe dieses Ziel mit Verve mit vertreten. Jetzt verstehen Sie vielleicht auch, weshalb ich Mitte der sechziger Jahre, als diese Politik im Vordergrund stand, zu der Ehre kam, von Adenauer auch unter vier Augen empfangen zu werden, und weshalb die „Stuttgarter Zeitung" in dieser Zeit zu seiner täglichen Lektüre gehörte. Wenn Journalisten hilfreich sind, dann sind sie auch willkommen. Kritischen Journalisten ist mit Vorsicht, Argwohn oder Mißtrauen zu begegnen. Diese alte Erfahrung hat auch Konrad Adenauer nicht außer Kraft gesetzt. Im Gegenteil, er hat sie instrumentalisiert und rigoros und virtuos gehandhabt. Die kritischen Journalisten Fritz Sänger[180] — Chef der DENA-Agentur[181] in Hamburg — und der Korrespondent der „Neuen Zürcher Zeitung" in Bonn, Herr Geilinger[182], wurden von ihren Aufgaben auf undurchsichtige Weise entbunden und fühlten sich als Opfer Adenauers.

Wenn Küsters aus verschiedenen Quellen zitiert, daß Adenauer vorgehalten werde, er habe die Presse nicht als Partner, sondern als Werkzeug seiner Politik gesehen und die Kritik- und Kontrollfunktion der Presse nie begriffen oder nicht begreifen wollen, dann möchte ich dem eigentlich eher zustimmen als widersprechen, aber hinzufügen, daß die Beziehungen zwischen Machthabern und Journalisten immer ambivalent sind. Sie brauchen sich beide. Der kritische Journalist braucht geeigneten Stoff für seine Kritik, er benötigt Reibungsmöglichkeiten, und Adenauer bot Stoff und Reibungsmöglichkeiten in Hülle und Fülle. Kritiker, Kabarettisten und Karikaturisten empfanden die Adenauer-Ära als eine große dankbare Zeit. Es klingt zynisch, aber es ist so. Weil Adenauer ein großer Politiker war, gab es in seiner Zeit auch große Publizisten. Was wären Paul Sethe und Rudolf Augstein in der Publizistik ohne Adenauer? Natürlich verdiente die Spiegel-Affäre[183] in unserem thematischen Zusammenhang eine besondere Würdigung, denn hierbei forderte Adenauer mit Franz Josef Strauß zusammen das Freiheits- und Unabhängigkeitsbewußtsein der Nachkriegspublizistik provozierend heraus. Er wagte ein hohes Risiko, und ich meine, er verlor. Nicht nur der „Spiegel", die gesamte deutsche Presse ging aus dieser in einer unsere Demokratie und unsere Pressefreiheit stabilisierenden Weise gestärkt hervor. Adenauers Autoritätsverlust setzte sich durch die Spiegel-Affäre, meine ich, weiter fort. Aber zurück zu seiner Einstellung zur Presse. Wer in Adenauers Teekreis für Journalisten eingeladen wurde, der hatte mehr Informationen als andere, er war gegenüber der Konkurrenz im Vorteil, denn er konnte schneller und exklusiver sein. Hanns Jürgen Küsters belegt in Adenauers Teegesprächen 1955—58 sehr eindrucksvoll, wie sich zahlreiche Kollegen beschwert und benachteiligt fühlten, wenn sie einmal nicht zum Tee eingeladen wurden. Journalisten wurden halt in verschiedene Gewichts- und Güteklassen eingeteilt. Und Herr Krueger — so habe ich gelesen — mußte dann die Selektion jeweils brieflich begründen und darlegen, warum der eine oder andere nicht eingeladen wurde, darunter unter anderen auch mein damaliger Bürochef Karl August Berdolt[184] oder einer meiner Vorgänger, Herr Dietrich[185], die zu einem bestimmten Tee auch nicht eingeladen wurden, und Herr Krueger mußte denen dann Briefe schreiben, warum nicht, — mit der Hoffnung, daß es vielleicht das nächste Mal klappen würde.[186]

Freilich konnte es auch ein Vorteil sein, nicht zum Teekreis zu gehören, weil man dann nicht in die Pflicht der Vertraulichkeit genommen werden konnte und in der Verbreitung und Bewertung einer Information frei war. Information ist für Journalisten eine Handelsware im Wettbewerb der Medien, und ein Kanzler ist reich an Informationen. Aber ich meine, er dürfte sie nicht als Privatbesitz behandeln, denn in einem öffentlichen Amt gehört die Information der Öffentlichkeit. Andererseits kann keiner Regierung, keinem Politiker verwehrt werden, als Hintergrund — zum besseren Verständnis bestimmter politischer Vorgänge oder Entwicklungen — vertrauliche Informationsgespräche zu führen, und jeder Journalist wird dankbar sein, wenn keine unzumutbaren Bindungen an die Vertraulichkeit geknüpft werden. Aber die oberste Loyalität der Journalisten muß der Öffentlichkeit und ihrem Wohl gehören, sie darf niemals irgendeinem Parteiinteresse gehören.

Wenn man sich als Journalist daran orientiert und sich auch durch exklusive Informationen in seiner Bewertung nicht korrumpieren läßt, dann wird man auch im unbefangenen Umfang mit Mächtigen journalistische Grundregeln nicht verletzen. Im Balancement der Gewaltenteilung in der Demokratie aber hat die Presse ihren eigenen Part.

Wenn man fragt, ob die Presse ihren demokratisch-kritischen, kontrollierenden Part in der Zeit Adenauers angemessen wahrgenommen hat, sage ich ja, und ich empfinde es als ein Kompliment für Adenauer und für die Presse, wenn Alfred Rapp nach dem sensationellen Wahlerfolg 1957 in seiner Arbeit „Adenauer und die Presse" vom „Alten" den stolzen Satz zitiert: „Ich habe gegen die Presse gewonnen."[187] Wobei richtig bleibt, Herr Küsters, daß man in der Differenzierung eigentlich unterscheiden muß zwischen der überregionalen Presse und der breiten Heimatpresse, die eher pro Adenauer eingestellt war.

Herr von Hase, Sie haben nach der Nutzanwendung für morgen gefragt. Ich möchte als Schlußsatz sagen: Eine starke Presse, eine starke kritische Presse fördert eine starke Demokratie und starke Persönlichkeiten, und das gilt auch umgekehrt. — Danke.

Karl-Günther von Hase:

Vielen Dank, Herr Appel. — Herr Appel hat zwei interessante Anregungen gegeben, die wir berücksichtigen sollten. Einmal, wir sollten das Thema „Adenauer und die Presse" nicht nur aus der Bonner Sicht behandeln, sondern auch aus der Sicht der gesamten Bundesrepublik und der anderen Medienzentren und natürlich auch aus der Sicht des Auslands; das wird heute nachmittag erfolgen. Und die zweite interessante Frage:

Bedingen sich große Politiker und große Publizisten? Ich glaube, das ist ein Thema, das man auch einmal über den nationalen Bereich hinaus behandeln sollte. Man sollte beobachten, wie sich das in anderen demokratischen Ländern entwickelt hat. — Vielen Dank, Herr Appel.
Meine Damen und Herren, wir treten nun in die Diskussion ein. Dabei ist es wohl zweckmäßig, daß die Fragenbereiche, die in den für den Nachmittag vorgesehenen Korreferaten behandelt werden sollen, zunächst zurückgestellt werden und wir uns auf den Teil des einführenden Referats von Herrn Küsters beschränken, der die gedruckte Presse und die diesbezügliche Pressepolitik behandelt, ferner das Verhältnis zum Presseamt — das Herr Krueger so lebendig geschildert hat — und auch das Verhältnis zur schreibenden Presse, insbesondere auch der Oppositionspresse, der kritischen Presse, deren Wirken Herr Appel hier mit solchem Engagement dargelegt hat.

Die Arena ist frei!

Klaus Skibowski:

Ich möchte nur zwei Bemerkungen zu den Darlegungen von Herrn Küsters machen. Adenauers Bild von der Presse wurde nicht nur geprägt durch die Weimarer Republik. Ich glaube, es ist entscheidend mitgeprägt worden auch durch die Jahre 1945 bis 1949, als Adenauer im Land unterwegs war.[188] Ich arbeitete damals in Hamburg. Beim Zonenbeirat bestand das Pressekorps vielleicht aus fünf/sechs Kollegen. Adenauer hat jedesmal, wenn er in Hamburg war — und er war sehr häufig in Hamburg —, die Berichterstatter des Zonenbeirats morgens zum Frühstück in die Pension Prem eingeladen; dabei wollte er unterrichtet werden.
Adenauer hat sich 1946 intensiv über die technische Entwicklung des Rundfunks informiert. Er war einer der Teilnehmer an einem Rundfunk-Ausbildungsseminar für das Verhalten vor dem Mikrophon — heute würde man sagen: vor Mikrophon und Kamera — und hat sich bei Peter von Zahn[189] und anderen informiert. Adenauer hat auch intensive Kontakte mit früheren Drehbuchautoren gehabt. Felix von Eckardt war nicht der einzige. Ein anderer war der CDU-Mitbegründer Beissel[190] in Hamburg. Mit ihnen hat er über Presse und Rundfunk und die technische Entwicklung regelmäßig gesprochen; er nahm sich sehr viel Zeit dafür.
Hamburg war für Adenauer allerdings nie ein Besuch bei der „Zeit". Er hat nie Kontakte gehabt mit dem „Stern" und seinen Vorläufern. Er hat

sich allerdings immer wieder auch jungen Kollegen vorgestellt, und er hat nie übelgenommen, wenn man ihn kritisierte.
Adenauers Bild von der Presse ist entscheidend auch in dieser Zeit geprägt worden, gerade von dieser Presse, die vor allem in der britischen Zone anders war als die Weimarer Meinungspresse. Sein Problem war es eigentlich von Anfang an — ein Problem, das heute für viele Politiker und auch Journalisten besteht —: Nach welchen Maßstäben arbeitet eigentlich die Presse, nach welchen Maßstäben wird etwas gewertet oder nicht gewertet? Dieses Unverständnis für Pressemaßstäbe — wenn es sie überhaupt geben sollte — ist heute noch genauso wie früher in der Politik, in der Wirtschaft und sonstwo vorhanden. Viele Mißverständnisse zwischen Presse und anderen gesellschaftlichen Schichten beruhen darauf. Dieses Problem hat er auch für sich selbst nie lösen können. Gelernt hat er allerdings sehr intensiv den Umgang mit den Medien, auch dem Rundfunk.

Franz Mai:

Aus verständlichen Gründen ist hier der Name Lenz nicht sehr in Erscheinung getreten. Aber man muß doch wissen, daß angesichts der Ineffizienz des Bundespresseamtes im ersten Jahr Lenz eine bedeutsame Rolle gespielt hat. Es begann eigentlich mit den morgendlichen Frühstücken in seinem Büro am Hofgarten, wo ein ganz kleiner Kreis zusammenkam. Ich gehörte auch dazu, vor allem aber Herr Neumann — der Mann von Frau Dr. Noelle-Neumann[191] —, Herr Dr. Baehr[192], Herr Dr. Helfrich[193] und andere. Es war ein Kreis von etwa fünf/sechs Personen, die sich jede Woche trafen, um die publizistische Politik der Bundesregierung zu begleiten. Auf diesen Kreis geht auch die Entwicklung des Allensbacher Instituts zurück[194]; das ist die Initiative dieses Kreises. Und es geht auf diesen Kreis meines Wissens auch die Idee solcher Teegespräche zurück. Schließlich geht auf diesen Kreis auch die Frage zurück, ob es bei der Bundesregierung ein Presseamt oder ein entsprechendes Ministerium geben soll. In diesem Kreis sind also sehr viele Dinge erarbeitet worden, und die Rolle von Lenz in der frühen Publizistik sollte man als sehr wesentlich einschätzen. Auch die Idee der ADK[195] — und hier sitzt mein Freund Herr Dr. Jahn — ist in diesem Kreis erstmals diskutiert worden: Als eine Gruppe, die außerhalb der Partei, ich möchte sagen, außerhalb des parlamentarischen Raums die publizistischen Argumente für die Regierungspolitik aufbereiten sollte. Es ist sicherlich nicht richtig, daß Lenz ein Presseamt aufgebaut habe, aber dieser Frühstückskreis ist ein ganz wesentlicher Impuls für die publizistische Politik der Bundesregierung im Jahre 1950 gewesen.

Karl-Günther von Hase:

Vielen Dank, Herr Dr. Mai. Ich glaube, hier ist schon ein interessanter Punkt, der festgehalten werden sollte. Ich darf auf das Zitat von Herrn Krueger hinweisen, wo er auf die Ausführungen von Professor Schwarz abgehoben und da auch schon eine etwas abweichende Darstellung in bezug auf Otto Lenz gegeben hatte.
Herr Dr. Mai, Sie haben die ADK erwähnt. Es paßt ganz gut: Herr Dr. Jahn hat, schon bevor Sie die ADK nannten, ums Wort gebeten. Herr Dr. Jahn, vielleicht sagen Sie auch kurz, was „ADK" bedeutet, damit wir diese Abkürzung hier begreifen.

Hans Edgar Jahn:

Wir haben hier über die publizistische Situation im Jahr 1951 — die Stellung des Kanzlers und der Regierung — gesprochen. Im Jahr 1951 habe ich ein Exposé an das Kanzleramt gegeben und wurde daraufhin von Staatssekretär Dr. Otto Lenz zu einem Gespräch nach Bonn ins Bundeskanzleramt gebeten. Am Ende dieses Gesprächs fragte Lenz mich: „Sind Sie bereit, das in Bonn zu tun, was Sie dort vorgeschlagen haben?"
In meinem Exposé hatte ich die „Ohne-mich"-Stimmung in der Bevölkerung charakterisiert und die Lage im vorparlamentarischen und vorpolitischen Raum durchleuchtet. Nach umfassender Analyse hatte ich vorgeschlagen, eine Institution zu schaffen, die die Bevölkerung systematisch und kontinuierlich über die Entwicklung der demokratischen Staats- und Gesellschaftsordnung unterrichten und zur Mitarbeit gewinnen sollte. In gleicher Weise sollte über die politische Arbeit und die Ziele der Bundesregierung unterrichtet werden.
Dr. Lenz: „Ja, das ist es, was wir wollen, eine Institution und Organisation, die die Demokratie im Volksbewußtsein verankert und die Politik Adenauers und seiner Regierung interpretiert."
Ich erhielt den Auftrag, eine solche Institution aufzubauen. Die Arbeit begann im Oktober 1951. Die Arbeitsgemeinschaft Demokratischer Kreise (ADK) wurde am 5. Dezember 1951 mit 100 Mitarbeitern und Interes-

senten gegründet. Im Laufe der Jahre hatte sie — bis zur Regierung Kiesinger — 104000 Mitarbeiter und Interessenten, die laufend informatorisch durch Publikationen und Vortragsveranstaltungen betreut wurden. 700 Referenten (Vortragende) standen zur Verfügung.
Die Arbeit erfolgte in Abstimmung mit dem Bundeskanzleramt über die Staatssekretäre Dr. Lenz und Dr. Globke. Herr Krueger hat Recht: Nicht das Bundespresseamt — wir hatten ein gutes Verhältnis zu Krueger und von Eckardt — machte die PR-Arbeit für den Bundeskanzler und die Regierung, sondern die ADK.
Wir berichteten täglich über alle politischen und publizistischen Ereignisse an das Bundeskanzleramt. Die Berichterstattung erfolgte unmittelbar an den Staatssekretär. Von hier liefen die Berichte an den Bundeskanzler weiter und dann wurde in klärenden Gesprächen — der Kanzler wollte bis ins Detail über die Entwicklungen draußen unterrichtet werden — die Lage diskutiert und über die notwendige PR-Arbeit entschieden. Ich arbeite heute — nach über zwanzig Jahren — mehr als 200 umfangreiche Ordner auf, die den Schriftwechsel mit dem Bundeskanzleramt beinhalten. Da sieht man viele der Stationen, die heute hier angesprochen wurden, in anderem Licht. Wir werteten die große Presse, die Informationsdienste und über 400 Zeitungen der Heimatpresse aus. Wir beobachteten die Schwerpunkte der Berichterstattung, prüften den allgemeinen Kurs, die Kommentare, die Hauptüberschriften. Wir versuchten herauszufinden, welche Themen von der Bevölkerung zur Information gewünscht würden.
Es lag mir daran, vor diesem Kreis erfahrener Wegbegleiter Adenauers, die Bedeutung der ihm unmittelbar zuarbeitenden Arbeitsgemeinschaft Demokratischer Kreise darzulegen.
Neben der Presse- und Informationsarbeit im zeitgenössischen Sinn gab es die politische PR-Arbeit, die nach den Grundsätzen und Erfahrungen der amerikanischen PR-Arbeit entwickelt worden war. Fachleute wurden von uns in die USA geschickt, um die Methoden der PR-Arbeit in Politik und Wirtschaft zu studieren. Wir arbeiteten in der Technik der „Two-Way-Street"-Informationen von oben nach unten und von unten nach oben. Mit der ADK arbeiteten auch Hunderte von Journalisten, vor allem aus der Heimatpresse, zusammen. Auf Veranlassung von Fritz Sänger, mit dem ich landsmannschaftlich verbunden war, erhielt ich auch über dpa alles wesentliche — auch Hintergrundinformationsmaterial.
Es handelt sich also um ein weites Kapitel, über das hier nur andeutungsweise informiert werden kann. Es gab zur Innen- und Außenpolitik Hunderte von Publikationen. Über Aufgaben und Zielsetzungen und auch

die Methoden der Arbeit haben wir seinerzeit einiges veröffentlicht — über einzelne Aktionen jedoch wurde, wie mit dem Kanzleramt vereinbart, damals Stillschweigen vereinbart.
Die Arbeit wurde zwölf Jahre, von 1951 bis 1963 — mit dem Bundeskanzler abgestimmt — durchgeführt. Bei dem einführenden Gespräch, im Oktober 1951, sagte Adenauer zu mir: „Ich will, daß das Volk mich versteht, das müssen Sie machen!" Das war die Grundlage für meinen Auftrag, der mir viel Freude bereitet hat. Adenauer wollte im Volk verstanden werden. Einige wesentliche Voraussetzungen dafür schuf die Arbeitsgemeinschaft Demokratischer Kreise.
Über die Arbeit der ADK und das Verhältnis Adenauers zu ihr werde ich Ende 1987 einen Bericht vorlegen.[196]

Karl-Günther von Hase:

Vielen Dank, Herr Dr. Jahn. Vielleicht darf ich noch etwas hinzufügen. Sie sagten, daß die ADK beim Weggang der Regierung Kiesinger aufgelöst wurde. Ich glaube, man kann das sogar noch etwas genauer sagen, und das ist ein Hinweis auf die Einschätzung, die die Arbeit der ADK von der bis dahin in Opposition stehenden SPD erfahren hatte. Die SPD trat zu Beginn der Regierung Kiesinger in die Große Koalition ein, und eine ihrer ersten Forderungen war, daß die ADK beseitigt werden sollte. Das ist dann Zug um Zug vom Beginn der Regierung Kiesinger an als eine Koalitionsvereinbarung durchgeführt worden. Das spricht der ADK — wenn man die Sicht des früheren politischen Gegners berücksichtigt — für ihre Arbeit sicherlich ein gutes Zeugnis aus.

Peter Schulze:

Ich wollte eine kleine Ergänzung bringen zu der Meinung, daß Adenauer die Presse praktisch nur als Werkzeug benutzt habe. Ich habe ihn auf dem Gebiet der Presse genauer ja erst in seinen letzten Jahren kennengelernt, nach dem Rücktritt, als ich der Verbindungsmann des Presseamtes zu ihm wurde. Natürlich ist es ein gewisser Unterschied, ob man als Regierungschef mit der Presse umgeht bzw. umgehen muß oder als ehemaliger Regierungschef. Aber ich glaube, das oft zitierte Spannungsverhältnis zwischen Presse und Adenauer ist für beide Seiten sehr fruchtbar gewesen. Mir ist immer aufgefallen, wenn er etwa mit mir darüber sprach,

welchen Journalisten er zu diesem oder jenem Thema einen Interviewwunsch erfüllen sollte, daß es nicht entscheidend darauf ankam, welche parteipolitische Richtung der betreffende Journalist vertrat, wenn es auch mit eine Rolle spielte. Aber nicht einmal entscheidend war, wie groß der Leserkreis bzw. Hörer- oder Zuschauerkreis war, den der betreffende Journalist vertrat, sondern: Ist das ein interessanter Mann oder ein Langweiler. Diese, ich möchte es hier so nennen, Neugierde Adenauers, dieses ganz erstaunliche Interesse auch im höchsten Alter, neue Dinge zu erfahren, und zwar weit über Politik hinaus — ob sich das um Wirtschaft, um Fragen der Völkerkunde oder, wie zum Beispiel bei Vorbereitung der Spanienreise, um historische Fragen handelte —, war immer wieder zu spüren. Er war einfach neugierig, er wollte Neues wissen, — wenn Sie so wollen: auch, um es dann als Werkzeug einzusetzen — aber wer tut das nicht —, Werkzeug einmal in dem Sinne, daß er andere überraschen konnte mit Kenntnissen, die ihm meistens die jeweiligen Besucher gar nicht zugetraut hätten, aber selbstverständlich auch, um — wie zum Beispiel auf jener Spanienreise 1967 — den Spaniern in einer Form entgegenzukommen, die sie verstanden und die bei ihnen ankam.
Ich glaube, daß die bisherigen Betrachtungen über das Verhältnis Adenauers zur Presse etwas zu stark das rein Institutionelle und das Politische — wenn auch zum großen Teil zu recht — unterstrichen haben. Meines Erachtens darf man das Persönliche auf beiden Seiten, bei Adenauer und den Journalisten, dabei nicht übersehen.

Karl-Günther von Hase:

Vielen Dank, Herr Schulze. Vielleicht darf ich anschließend an das, was Sie gesagt haben, noch eine kurze Bemerkung aus meiner eigenen Erfahrung hinzufügen, nämlich zum Verkehr des Bundespresseamts mit Bundeskanzler Adenauer nach seinem Rücktritt. Herr Appel hatte schon darauf hingewiesen, daß der amtliche Strom der Unterrichtung, insbesondere der Geheimtelegramme, nach dem Rücktritt Adenauers nicht mehr floß oder nur noch in ganz wenigen Ausnahmefällen. Um so mehr haben wir uns — das darf ich sagen — Mühe gegeben, vom Bundespresse- und -informationsamt alles, was an offenen Nachrichten erreichbar war — und das war doch sehr viel —, ihm aufgearbeitet zuzuleiten. Das stand ihm gewissermaßen auch zu als Abgeordnetem des Deutschen Bundestages, der er noch war; denn das gesamte offene Material des Bundespresseamtes geht ja an alle Parteien. Weiter haben wir oft auch Interviews für ihn vermittelt und die Absprachen dafür getroffen.

Ich möchte hier eine Aussage machen, die ich für wichtig halte: Adenauer hat mich persönlich nach seinem Rücktritt nie in einen Loyalitätskonflikt gebracht in bezug auf meine Loyalität gegenüber dem amtierenden Bundeskanzler, Bundeskanzler Erhard. Ich habe gelegentlich, wenn er Interviews als abgedankter Bundeskanzler in seinem Zimmer im Bundesratsflügel geführt hat, daran teilgenommen. Bei diesen Interviews ist nie ein abschätziges oder kränkendes Wort gegenüber Erhard gefallen. Wenn er das vorhatte, dann sorgte er dafür — Herr Appel hat ja zwei Gelegenheiten erwähnt —, daß niemand vom Presseamt dabei war. Und wir hatten, wie gesagt, Herrn Schulze eingesetzt, um ihn weitgehendst und laufend und so, wie es sich gehörte für den Mann, der vierzehn Jahre die Bundesrepublik geführt hatte, zu unterrichten.

Max Schulze-Vorberg:

Ich würde gern eine Frage an Herrn Küsters stellen. Warum betrachten Sie die Sache mit dem „Cleveland Plain Dealer" pressepolitisch so negativ? Es war tatsächlich die Zeitung, die der damalige amerikanische Präsident Truman jeden Morgen zum Frühstück gelesen hat, die Ortspresse. Und als Truman nach Bonn kam, ich erinnere mich daran sehr genau: Da hat der ehemalige Präsident Truman uns erklärt, daß dieses Interview Adenauers ihn in besonderem Maße auf diesen deutschen Staatsmann aufmerksam gemacht habe, das habe er als eine Geste empfunden. Ich darf da anschließen an das, was Herr Schulze eben gesagt hat: Daß Adenauer es verstanden hat, mit viel Psychologie solchen Dingen nachzugehen. Also, ich glaube, daß das Interview mit einer kleinen Provinzzeitung in Amerika, die die Heimatzeitung des Präsidenten war, durchaus auch positive Aspekte haben könnte. Der Bundeskanzler wußte um die besondere Bedeutung der Heimatpresse — auch in Deutschland.

Hanns Jürgen Küsters:

Herr Schulze-Vorberg, ich teile Ihre Einschätzung, daß das ganze Unternehmen durchaus gelungen war. Mir kam es lediglich darauf an zu sagen: Adenauer hat schon zu diesem Zeitpunkt voll auf der pressepolitischen Klaviatur gespielt, hat die große oder die kleine Presse zu sich gebeten, je nachdem, wie sie ihm für seine politischen Zwecke nützlich erschien. Für sich genommen war das Interview sicherlich ein geschickter Schachzug. Nur gilt es zu bedenken: Wäre der gleiche Effekt, Truman das deutsche Anliegen bekanntzumachen, nicht ebenso durch ein Exklusivinterview mit der internationalen Presse — etwa „New York Times", „Times" oder „Le Monde" — erzielt worden? Der entscheidende Punkt war doch folgender: Die wenigen in Bonn ansässigen Auslandskorrespondenten fühlten sich nicht zu Unrecht düpiert, weil der Kanzler dem Vertreter eines Provinzblattes, der sich nur kurz in der Bundeshauptstadt aufhielt, ein Interview mit einer Topmeldung gewährte, während sie vor Ort auf eine Exklusivmeldung warteten, aber nicht berücksichtigt wurden. Mit einem solchen Verhalten verärgert man die Presse. Das ist der eigentliche Kernpunkt der Kritik.

Max Schulze-Vorberg:

Mir lag eigentlich nur daran, festzuhalten, wie Präsident Truman diese Sache aufgefaßt hat und daß Adenauer möglicherweise in dem Falle die Staatspolitik — die Erreichung eines politischen Ziels — noch vor die Pressepolitik gestellt hat. Ich glaube, er hat seinem Ziel damit sehr gut gedient.

Hanns Jürgen Küsters:

Absolut d'accord!

Karl-Günther von Hase:

Das ist also die klare Abwägung: Verärgerte Presse gegen wohlwollenden Präsidenten.

Erich Mende:

Ich möchte in diesem Meinungsstreit Schulze-Vorberg/Küsters doch die Meinung von Herrn Küsters teilen. Denn nach diesem „Cleveland"-Interview kam eine Debatte im Deutschen Bundestag[197] — im Dezember 1949 — höchst zur Unzeit für Konrad Adenauer. Es mußten alle Fraktionen, auch die der Regierungskoalition, ganz entschieden von dem Gedanken einer Wiederbewaffnung abrücken. Da sind zum Teil Formulierungen geprägt worden, die uns dann 1952/53 noch sehr zu schaffen gemacht hatten. Der Deutsche Bundestag hat einstimmig — ich wiederhole: einstimmig — eine Wiederbewaffnung abgelehnt. Das war eine Hypothek, die wir 1952 sehr mühsam abtragen mußten. Insofern war der negative Reflex dieses Interviews erheblich größer als der vielleicht positive bei Präsident Truman.

Max Schulze-Vorberg:

Aber dieser Effekt wäre natürlich auch eingetreten oder erst recht eingetreten, wenn er dieses Interview in der „Times" oder in der „New York Times" gebracht hätte.

Erich Mende:

Noch besser wäre es gewesen, wenn er überhaupt kein Interview gegeben hätte!

Max Schulze-Vorberg:

Das ist eine Frage!

Joachim Sobotta:

Ich fühlte mich durch den Beitrag von Herrn Schulze und auch das, was Sie, Herr von Hase, dazu gesagt haben, angeregt, etwas zum späten Konrad Adenauer und seinem Umgang mit der Presse anzumerken. Ich muß zum Verständnis dessen mit zwei Sätzen auf meine eigene Bonner Laufbahn eingehen: Ich kam aufgrund des etwas geringeren Lebensalters — wie sagte man später: der „Gnade der späten Geburt"; in dem Fall war es keine Gnade — 1959 nach Abschluß meines Studiums nach Bonn, arbeitete erst für die „Deutsche Zeitung und Wirtschaftszeitung" — die im wesentlichen ja vergessen ist —, und hatte insofern über diese Zeitung damals als Jüngster Zugang zu den Teegesprächen Adenauers. Ich wurde 1963 Korrespondent der „Rheinischen Post“, deren Chefredakteur ich heute bin. Ich fing also mit Erhard in Bonn an, und meine erste Beschäftigung war die Verabschiedung des alten Herrn in der Redoute. Deshalb dachte ich, Herr Hohmann, als Sie unlängst den 90. Geburtstag Erhards feierten, gerade an diese Stunde zurück.

Ich will darüber berichten, daß ich als Korrespondent der „Rheinischen Post“ — sie wurde ja eingangs durch Herrn Dr. Küsters erwähnt — im Jahre 1965 ein sorgfältig vorbereitetes Interview mit dem zurückgetretenen Bundeskanzler Konrad Adenauer machen wollte, zusammen mit meinem Kollegen, dem inzwischen leider verstorbenen stellvertretenden Chefredakteur dieser Zeitung, Friedrich Langhelm.[198] Wir waren auch in dem berühmten getäfelten Zimmer des Bundesratsflügels, sehr korrekt angemeldet, eine Stunde lang und noch mehr, mit einem Stenographen, den wir selbst mitgebracht hatten. Es saßen dabei Herr Selbach[199] und der leider früh verstorbene Dr. med. Rathke[200]. Die beiden Herren haben im Grunde genommen nichts gesagt, haben nur zugehört.

Wir hatten uns entschlossen, sozusagen mal etwas anderes zu machen. Wir haben fast nichts zum Thema Außenpolitik gefragt — zum deutsch-französischen Verhältnis, zum deutsch-amerikanischen Verhältnis usw. —, sondern fast nur zur Innenpolitik: Verhältnis zu den Parteien, Verhältnis zur SPD, zu den Gewerkschaften, auch zu den Vertriebenen beispielsweise — Herr Präsident Czaja, Sie sitzen hinter mir —; und es war für mich, muß ich sagen, eine sehr traurige Sache, als dieses Interview von Konrad Adenauer, der in völliger Strenge, geistiger Klarheit, Nüchternheit, Offenheit geredet hatte, später nicht freigegeben wurde, von wem auch immer.

Herr Dr. Max Nitzsche, mein Vor-Vorgänger als Korrespondent der „Rheinischen Post“ in Bonn wird das bestätigen können; er hatte sich, damals als enger Bekannter Adenauers und Verlagsdirektor der „Rheinischen Post“ darum sogar noch bemüht. Ich mußte enttäuscht feststellen, daß irgendwelche Mächte diesen weltberühmten, hochgeschätzten Mann hinderten, einer ihm bekannten Zeitung ein Interview zu geben. Es war einfach so: Das Ding verschwand. Es waren über 25 ausgeschriebene Seiten, — die wir nie so hätten bringen können; wir hätten einen Extrakt gemacht und auch vorgelegt. Kurzum, aufgrund von Vorgängen zwischen den Mühlen, nehme ich an, des Presseamtes, des Kanzleramtes (Selbach) und der CDU (Rathke) blieb das außerhalb einer öffentlichen Darstellung.

Ich empfand das damals, Anfang 1966, doch als eine etwas deprimierende Sache, weil mir der Alte Herr, den ich ja damals auch schon sechs/sieben Jahre aus nächster Nähe verfolgt hatte, in einer Weise erschien, die einen solchen Autoritätsverfall darstellte, daß man sich wunderte, daß so etwas möglich war. Wir haben uns beim Interview korrekt verhalten. Wenn er selbst sagte, er möchte nicht, daß das veröffentlicht wird, dann haben wir uns daran gehalten; nur bin ich sicher, daß es nicht seine Entscheidung war, überhaupt nichts zu veröffentlichen, wie es geschah.

Karl-Günther von Hase:

Vielen Dank, Herr Sobotta. Ich wollte nur für die, die nicht mehr so genau die Personenkenntnis haben, sagen: Der Dr. med. Rathke — so hat ihn Herr Sobotta eingeführt — hatte keine ärztlichen Funktionen bei Dr. Adenauer, sondern war der Pressesprecher, der Parteisprecher der CDU. — Also, Herr Sobotta wittert finstere Machenschaften in Richtung entweder Presseamt oder CDU-Zentrale oder Bundeskanzleramt. Ich muß sagen, ich kann eigentlich, Herr Krueger, reinen Herzens das Presseamt von diesen Machenschaften ausnehmen, soweit im Augenblick mein Gedächtnis reicht. Aber vielleicht gibt es dazu noch andere Stellungnahmen.

Ludger Westrick:

Herr Appel hat vorhin die Bemerkung gemacht, Adenauer habe Gift und Galle gegen Erhard gespieen. Dieser Bemerkung ist nicht frontal zu widersprechen, das gebe ich zu. Ich möchte sie aber nicht isoliert im Raum stehenlassen und will daher eine Begebenheit erzählen, die bemerkenswert und auch typisch für das Verhältnis der beiden Herren war.
Ich habe in jener Zeit ständig meine Kontakte dazu benutzt, Adenauer zu sagen, er möge bei seinen Bemerkungen im Auge behalten, welche Bedeutung für seine Entwicklung und seine Bestrebungen gerade Erhard habe. Adenauer hat mich dann immer zurückgewiesen und hat gesagt: „Was wollen Sie eigentlich? Ich weiß ja, daß er ein guter Wirtschaftsminister ist, aber er soll nicht Bundeskanzler werden." Da habe ich ihm gesagt: „Sie sollten nicht immer an dem Herrn Erhard herumkritisieren, das hat auch die Bevölkerung nicht gern."
Dann kam der Geburtstag von Erhard heran, und ich hatte mir zum Ziel gesetzt, Adenauer zu uns ins Ministerium zu holen. Man kann sagen, ich hätte eher einen Lastwagen von der Stelle schieben können als den alten

Herrn ins Wirtschaftsministerium holen. Ich habe ihm gesagt: „Ich rufe Sie übermorgen mal an." — Antwort: „Anrufen dürfen Sie wohl, aber es kommt auf gar keinen Fall in Frage; das ist ganz ausgeschlossen, das tue ich bei keinem Minister." — Antwort: „Das ist richtig, ‚bei keinem Minister'; Sie haben auch keinen, der eine solche Bedeutung für Ihre Pläne hat wie Herr Erhard; ich kann also die Bitte nur wiederholen: kommen Sie zu uns ins Wirtschaftsministerium, ich garantiere ihnen ein Auditorium, das Ihnen einen donnernden Applaus serviert, wie er besser nicht in der CDU-Versammlung zu erwarten ist." — Er hat mir das zuerst absolut abgelehnt, aber ich habe nicht nachgelassen, und schließlich hat er wahrhaftig zugesagt zu kommen. Natürlich habe ich Adenauer gebeten, auch eine Rede zum Geburtstag von Herrn Erhard zu halten. „Im übrigen" — so habe ich ihn zu motivieren versucht — „tun Sie sich selber einen guten Dienst damit, wenn Sie endlich mal aus der Bevölkerung die falsche Meinung heraustreiben, daß Sie den Herrn Erhard nicht leiden können; wenn es auch in Wirklichkeit nicht so ist, aber die Meinung in der Bevölkerung ist so!"
Kurz und gut, Adenauer ist gekommen. In einem großen Raum des Bundesgrenzschutzes bei uns draußen in Duisdorf waren ein paar tausend Beschäftigte der dem Bundeswirtschaftsministerium zugehörigen oder auch nur zugeordneten Dienststellen versammelt. Vorher hatte ich die Versammlung gebeten: „Tut mir einen Gefallen; ich habe dem alten Herrn versprochen, er kriegt bei uns besseren Applaus als in einer CDU-Versammlung. Wollt ihr mir persönlich diese Freude machen?" — Darauf sagten sie: „Ja, machen wir!" Adenauer ist also gekommen, und ich habe dann ein Zeichen gegeben, wann der Applaus einsetzen sollte. Das marschierte alles ganz großartig, und Adenauer guckte ganz erstaunt und verwundert um sich, daß das so gut lief.
Er ist dann auf die Tribüne gegangen und hat eine Rede gehalten, und dabei äußerte er: „Der Herr Westrick hat mir gesagt, die Bevölkerung ärgert sich darüber, daß ich an dem Herrn Erhard etwas auszusetzen habe. Ja, meine Damen und Herren" — sagte er —, „wenn sich zwei Politiker nicht mal hin und wieder an die Haare kriegen, dann taugen sie alle beide nichts!" — Das war natürlich Anlaß zu einem großartigen Applaus, den die Belegschaft des Wirtschaftsministeriums leistete, und Adenauer war in höchstem Maße erfreut. Und Erhard war fast zu Tränen gerührt.
Und so möchte ich zum Abschluß sagen: Adenauer hat eben nicht Gift und Galle gespieen. Er hat zwar immer wieder an Erhard in kleinen Dingen Kritiken geübt, aber es war nicht so, daß er innerlich ein Gegner von Erhard war.

Max Nitzsche:

Ich bestätige das, was Herr Sobotta gesagt hat. Ich habe dann nach dem Gespräch Adenauer ein paar Blumen geschenkt — auf dem Versandweg, ich bin selbst nicht dagewesen — und darauf einen Brief von ihm bekommen, woraus hervorgeht, daß er der Meinung war, daß das Interview veröffentlicht wird. Das war alles.

Karl-Günther von Hase:

Vielen Dank. Das macht es sicherlich notwendig, der Frage nachzugehen, wo dann die Ursache lag.

Hans Wendt:

Das Verhältnis zwischen Adenauer und den der Union zuzurechnenden oder nahestehenden Zeitungen war ja manchmal problematisch, und das hat sich vielleicht auch in diesem Falle gezeigt. Es hat — eine „Organisation" kann man es kaum nennen — einen Kreis gegeben, der sich um eine Verbesserung und Verstetigung dieses Verhältnisses bemüht hat. Er ist hier noch nicht genannt worden, ich darf es nachholen: Das war der Verein Union-Presse.[201] Bei dieser kleinen „Organisation" ist Adenauer in Abständen von einigen Monaten immer mal aufgetreten und hat sich bemüht, diese sehr unterschiedlichen Zeitungen, große und kleine, zu informieren und auf seinen Kurs zu bringen. Wie weit ihm das gelungen ist, kann ich nicht sagen. Es war ein redliches Bemühen von ihm, und er ist bei diesen Gelegenheiten auch ab und zu aus sich herausgegangen. Es war ein bißchen vergleichbar mit dem Stil der Teegespräche.
Um noch einen Namen zu nennen, der auch bei den Beziehungen zur Presse mindestens im Anfangsstadium eine Rolle gespielt hat, obwohl er nominell nichts mit der Presse zu tun hatte: Blankenhorn ist in den Anfangszeiten auch in diese Bresche gesprungen. Ich entsinne mich, daß es zu jener Zeit eine Absprache zwischen Adenauer, Blankenhorn und mir gab: Wenn ich als Stellvertretender Chefredakteur der „Kieler Nachrichten" nach Bonn zum Parlamentarischen Rat kam, dann machte ich Interviews mit Adenauer; zur Schonung seiner Zeit fabrizierten die Blankenhorn und ich gemeinsam, und sie hatten stets den Segen des alten Herrn, obwohl er sie erst hinterdrein las, — wenn!

Karl-Günther von Hase:

Herr Dr. Hans Peter Mensing, dem ich jetzt das Wort erteile, bearbeitet die im Siedler Verlag erscheinende Edition der Briefe Konrad Adenauers. Er kommt von der Universität Kiel und ist ein Erdmann-Schüler.

Hans Peter Mensing:

Vielleicht ist es ganz sinnvoll, wenigstens kurz noch einmal an den Oberbürgermeister Konrad Adenauer und sein Verhältnis zur Presse zu erinnern. Da gibt es biographisch aufschlußreiche Bezüge auch für das Gesamtthema. Ich habe als Einstieg dafür herausgesucht ein Zitat von Hans Rörig[202], der sich in seinen Erinnerungen „Riesen und Zwerge werfen Schatten" — ein vielleicht auch ganz gut geeignetes Thema für eine solche Tagung wie die heutige — an eine frühe Begebenheit erinnert, die durchaus prototypisch auch für die spätere Pressebeziehung Adenauers ist: Beim ‚Kommerzienrat', dem Verleger Dr. Alfred Neven DuMont[203], „habe ich zum ersten Mal erlebt (nach 1919), welchen Einfluß Konrad Adenauer selbst auf Persönlichkeiten ausübte, die völlig unabhängig waren und eine ungleich stärkere Stellung besaßen als ein Oberbürgermeister. Dr. Adenauer war als Kölner Oberbürgermeister mit einer Artikelserie, die sich kritisch mit den städtischen Finanzen befaßte, unzufrieden. Bei einem Abendessen im Hause von Louis Hagen[204], wo, nach einer spöttischen Bemerkung des Verlegers, von goldenen Tellern gegessen wurde, bezeichnete Adenauer eine Zusammenkunft mit den zuständigen Redakteuren im Rathaus als ‚unbedingt notwendig'. Der Kommerzienrat stimmte zu. Vergebens versuchten Dr. August Dresbach[205] und ich ihm klarzumachen, daß die „Kölnische Zeitung" sich nicht vor eine Stadtverwaltung zitieren lassen dürfe. Falls die Artikel hieb- und stichfest seien, könne die Stadt ja eine Gegendarstellung schicken. Der Einwand nutzte nichts. Der Kommerzienrat nahm Dresbach und mich sozusagen bei der Hand, und wir gingen zu dritt ins Rathaus. Wir wurden vor eine große Wand voll Karten, Bildern und Zahlen gesetzt, ließen uns von Adenauer ein großartiges Zukunftsbild Kölns entwerfen, erfuhren nichts Zuverlässiges über die Finanzen, wurden wegen der ‚negativen Tendenz' der Artikel nur leise gerügt und gingen nach fast drei Stunden, zwar nicht überzeugt, aber doch stark beeindruckt nach Hause."[206]
Dies würde ich jetzt gern zum Anlaß für einen ganz wichtigen Hinweis nehmen: Die funktionale Analyse des Presseverhältnisses Adenauers sollte

um die personale und um die biographische ergänzt werden. Es gibt im Leben Konrad Adenauers wichtige journalistische Persönlichkeiten, Verlegerpersönlichkeiten, Publizisten, die ihm nicht nur in Ausübung ihres Berufs, sondern auch als Freunde, zeitweise als Berater in sehr schwierigen Lebenssituationen zur Seite standen. Gerade Hans Rörig, vor zwei Jahren verstorben, ist es gewesen, der 1945 wesentlichen Einfluß nahm auf die Zurückführung der Söhne Konrad Adenauers aus der Kriegsgefangenschaft[207], der wegen seiner journalistischen Beweglichkeit — er changierte zwischen Frankreich und England hin und her, war zeitweise Vorsitzender der Foreign Press Association — über unkonventionelle Möglichkeiten der Kontaktaufnahme verfügte wie kaum ein anderer. Diese Leitlinie läßt sich in die fünfziger Jahre hinein verlängern. Die schwierigen Kontakte zu Robert Schuman liefen am Anfang über Journalisten, die in einer unverfänglicheren Position Adenauer Informationen zuspielten und umgekehrt seine Mittelsmänner waren.
Ich kann das hier nicht weiter vertiefen. Vielleicht sollte man auf zwei Namen in diesem Zusammenhang weiter hinweisen: Franz Mariaux[208], wie Rörig auch langjähriger Auslandskorrespondent der „Kölnischen Zeitung", vor allem auch August Dresbach, den ich eben erwähnte, übrigens auch ein Kontaktmann Adenauers während der Jahre des „Dritten Reichs". Also, neben die professionellen Presseleute würde ich gern in einigen Ausnahmefällen die ihm sympathischen Ausnahmepersönlichkeiten im Pressewesen stellen. Das ist für die Gesamtbeurteilung dieses Themas meines Erachtens nicht unerheblich.

Karl-Günther von Hase:

Vielen Dank, Herr Dr. Mensing, für diesen für die Forschung wichtigen Hinweis.

Hanns Jürgen Küsters:

Herr Skibowski wies darauf hin, die Zeit zwischen 1945 und 1949 habe Adenauers Verhältnis zur Presse mit geprägt. Das ist vollkommen richtig. Hinzuzufügen wäre: Noch bevor der Krieg wirklich beendet war, hatte Adenauer bereits Kontakte zu Journalisten unterhalten, auch aus dem Juli 1945 ist ein Interview bekannt.[209] Die Beziehung zu Hans Rörig wurde schon genannt. Das Interview mit Barbara Page im Oktober 1945 hat bei

seiner Entlassung aus dem Amt des Kölner Oberbürgermeisters eine wichtige Rolle gespielt[210]. Unbestritten ist wohl, daß Adenauers Konflikte mit der Presse während seiner Kanzlerschaft zum Teil auch auf Spannungen, die vor dieser Zeit entstanden waren, zurückgehen.
Der Verein Union Presse wurde angesprochen. Es war ein bedeutendes Gremium. Von der Quellenlage her betrachtet, finden sich in den Reden, die Adenauer jährlich vor dem Verein Union Presse hielt, viele wirklich bedeutsame Äußerungen über seine Vorstellungen vom Verhalten der Presse.
Letzter Punkt: Das, was Herr Mensing zum Schluß sagte, kann ich vollends unterstreichen. Die zahlreichen persönlichen Beziehungen Adenauers zu in- und ausländischen Journalisten sind Beispiele für seine positiven Beziehungen zur Presse. Gerade in den Jahren 1949/50, als die Kontakte zum Ausland noch gering waren und kaum Informationsmöglichkeiten bestanden, haben sich einige ihm vertraute Journalisten angeboten, aus verschiedenen Regionen — von Skandinavien bis Südeuropa — ständig Informationen zu liefern oder als Kontaktpersonen zu dienen. Vielleicht können wir diesen Sachverhalt im Zusammenhang mit dem Thema Auslandspresse heute nachmittag noch vertiefen.

— PAUSE —

DAS RHÖNDORFER GESPRÄCH VOM 23. APRIL 1987

2. TEIL

Karl-Günther von Hase:

Meine Damen und Herren! Ich freue mich, daß wir — nach einem hoffentlich angenehmen Mittagsmahl — alle wieder versammelt sind.
Bevor ich Herrn Dr. Luchsinger das Wort erteile, möchte ich bitten, daß Herr Dr. Konrad Adenauer, der als Mitglied des Vorstandes der Stiftung unter uns ist, zu der Materie, die heute vormittag besprochen worden ist, einen kleinen Diskussionsbeitrag leistet, und zwar deshalb, weil Herr Dr. Konrad Adenauer uns leider etwas eher verlassen muß. Ich nehme aber an, daß Sie alle großes Interesse haben, aus seinem Munde noch etwas zu erfahren, was zur Aufhellung des Themas „Konrad Adenauer und die Presse" beiträgt. Herr Dr. Adenauer, Sie haben das Wort.

Konrad Adenauer

Ich möchte zunächst ausdrücklich feststellen, daß ich mich nicht freiwillig zu Wort gemeldet habe, sondern dies auf die Bitte des Vorsitzenden und Tagungsleiters hin tue. Ich bin überzeugt, daß ich sehr viel weniger als die meisten von Ihnen über das Thema sagen kann. Da ich nun aber am Portepee gefaßt worden bin, muß ich mich äußern.
Zunächst einmal fällt mir eigentlich nur ein, daß mein Vater allen Ernstes hoffte oder glaubte, zum 80. Geburtstag würde die deutsche Wirtschaft ihm eine Zeitung schenken. Er war an einer Zeitung zu seiner Verfügung oder zur Verfügung der CDU außerordentlich interessiert. Ich glaube, besser als durch diesen Wunsch oder Traum — wie soll man es bezeichnen? — kann man die Bedeutung der Presse für ihn nicht darstellen. Leider hat er die Zeitung nicht bekommen. Sonst wären wir heute wahrscheinlich Redakteure oder Herausgeber einer Zeitung.
Mir ist inzwischen noch etwas anderes eingefallen. Mein Vater hat bei einem Jubiläum der „Kölnischen Zeitung" etwa folgendes gesagt: Köln

ist durch das Kölnisch Wasser, den Kölner Dom und die „Kölnische Zeitung“ berühmt. — Ich glaube, das ist damals nicht ganz unbemerkt oder unkritisiert vorübergegangen. Vielleicht war es die andere Kölner Presse, die dies moniert hat.
Letztendlich möchte ich anmerken, daß ich, wie ich glaube, aus dem Munde meines Vaters zuerst etwas über Theodor Wolff[211], den bedeutenden Journalisten beim „Berliner Tageblatt“, gehört habe. Ich glaube, er ist so etwas wie der Altmeister der Journalisten.
Herr von Hase, das wäre es, was mir in der kurzen Zeit dazu eingefallen ist, was ich im Zusammenhang mit meinem Vater zum Bereich „Zeitung“ sagen könnte und was hier nicht bekannt ist.

Karl-Günther von Hase:

Vielen Dank, Herr Dr. Adenauer. Wir sind Ihnen alle sehr dankbar, daß Sie sich am Portepee haben fassen lassen und daß dabei soviel Authentisches herausgekommen ist. Ich glaube, es gibt in der Tat nichts Authentischeres als das Zeugnis des ältesten Sohnes. Vielen herzlichen Dank!
Meine Damen und Herren, wir kommen damit zu den am heutigen Nachmittag zu behandelnden Themen. Am Anfang stehen drei Referate zu den Themen „Konrad Adenauer und die Auslandspresse“, „Konrad Adenauer und der Rundfunk“ und „Konrad Adenauer und das Fernsehen“.
Ich darf als erstem Herrn Dr. Fred Luchsinger das Wort erteilen. Dr. Fred Luchsinger ist in diesem Kreise natürlich kein Unbekannter. Sie wissen alle, daß er in den Jahren 1955 bis 1963 Leiter des Bonner Büros der „Neuen Zürcher Zeitung“ und anschließend dann Chefredakteur dieser Zeitung bis zum Jahre 1984 war. Herr Dr. Luchsinger nimmt heute in unserem Kreise eine einzigartige Stellung ein. Er ist zum einen der weitestgereiste Teilnehmer und zum anderen der einzige Teilnehmer aus dem Ausland. Wir dürfen ihm schon vorweg ganz herzlich danken.
Die Teegespräche sind mehrfach angesprochen worden. In den Teegesprächen wird auch Herr Dr. Luchsinger erwähnt, allerdings nicht in dem Umfang, wie es seinen vielen Gesprächen — auch Einzelgesprächen — mit dem Bundeskanzler entsprochen hätte. Weil die Teegespräche mit Dr. Fred Luchsinger in deutscher Sprache geführt wurden, war der sonst bei der Auslandspresse vorhandene Dolmetscher des Auswärtigen Amtes, der ein Protokoll aufgenommen hätte, nicht dabei. Infolgedessen ist leider von dem unmittelbaren Wortlaut manches verlorengegangen, was in der

Edition sonst enthalten gewesen wäre. Vielleicht kann Ihr heutiger Beitrag, Herr Dr. Luchsinger, einen gewissen Ersatz bieten. Damit darf ich Ihnen das Wort erteilen.

Fred Luchsinger

KONRAD ADENAUER UND DIE AUSLANDSPRESSE

Herr Vorsitzender! Meine Damen und Herren! Ich möchte meinen Diskussionsbeitrag lediglich auf meine eigene Bonner Erfahrung[212] zurückführen, ohne aber dreißig Jahre danach ins Anekdotenerzählen zu geraten. Damit Sie den Beitrag orten können: Ich war — wie der Vorsitzende schon gesagt hat — von 1955 bis 1963, also in der zweiten Hälfte der Regierungszeit Adenauers, Bonner Korrespondent der „Neuen Zürcher Zeitung", eine Zeitlang auch Vorsitzender des Vereins der Auslandspresse. Meine Erfahrungen sind also nicht unbedingt typisch. Da Adenauer die „NZZ" seit langem kannte und schätzte und da das Blatt seine Politik der Westbindung unter europäischem Gesichtspunkt von Anfang an redaktionell im allgemeinen unterstützt hatte — mit besonderem Nachdruck im außenpolitischen Krisenjahr 1950 —, genoß ich gegenüber anderen ausländischen Kollegen beim Kanzler wohl einen gewissen Sympathiebonus. Er hielt diese Zeitung für ein für ihn wichtiges Organ europäischer und in einem gewissen Sinne indirekt auch deutscher Meinungsbildung, womit gleich impliziert sei, daß er bei Pressebeziehungen natürlich und primär seine Politik im Auge hatte, was das gute Recht des Politikers ist. Überdies war ihm diese Zeitung — im Unterschied zu den fremdsprachigen — als Leser direkt zugänglich.

Generell galt Bonn unter den Auslandskorrespondenten in jener Zeit als ein ausgesprochen offener Informationsplatz. In wenigen anderen Hauptstädten konnte man so leicht in Kontakt mit politisch entscheidenden Leuten kommen, zum Beispiel in nicht wenigen wechselnden kleineren Zirkeln, in denen sich Minister und Parlamentarier zum Gespräch stellten, auch Zirkeln von Auslandskorrespondenten. Der Zugang zum Regierungschef selber war naturgemäß enger dosiert, aber nach meiner Beobachtung für ausländische Beobachter und Berichterstatter mit Sicherheit insgesamt offener als etwa zur gleichen Zeit in Paris, Rom oder London. Ich sage dies, weil ein Vergleich im Hinblick auf die Offenheit der Pressebeziehungen offenbar doch ganz nützlich sein kann. Im übrigen erschien der Regierungschef in Bonn — im Vergleich zu der Situation in anderen Hauptstädten — häufiger auf Pressekonferenzen und vor dem Parlament, wenigstens während längerer Zeitabschnitte. Vom ortsüblichen Umgang mit ausländischen Medienleuten, die damals weit überwiegend Leute des geschriebenen Wortes waren, unterschied sich der des Bundeskanzlers in einigen Punkten. Er teilte das in der Situation des deutschen Nachkriegsstaates mit seiner extremen Auslandsabhängigkeit begründete Bedürfnis vieler deutscher Politiker, sich den Vertretern der sogenannten Weltöffentlichkeit werbend verständlich zu machen und Vorurteilen sowie ungünstigen Interpretationen entgegenzutreten. Er teilte aber nicht eine sonst häufig spürbare Beflissenheit und auch Befangenheit Ausländern gegenüber, die wohl aus der Hypothek des Dritten Reiches und dem schwierigen politischen Neubeginn zu erklären war. Im Gespräch mit ihm war nichts Defensives zu spüren. Daß er deutsche Interessen zu vertreten und sich dafür nicht zu entschuldigen hatte, schien bei ihm selbstverständlicher als bei manchen anderen Politikern. Ebenso selbstverständlich drang im Gespräch dann aber auch durch, daß das nationale deutsche Interesse in engstem Zusammenhang mit dem europäischen Interesse gesehen wurde und daß abweisende Distanz zum Dritten Reich inbegriffen war.

Ich muß unterstreichen, daß Adenauers politisches Prestige in meiner Bonner Zeit bereits solide etabliert war. Ich kenne die Zeiten, in denen er suchend nach Konzepten seiner Politik forschte, nicht. Er schien — damals jedenfalls — seines Kurses und seiner hauptsächlichen Prämissen völlig sicher. Ebenso sicher schien er auch in dem Urteil, daß die außenpolitischen Alternativen der Opposition abwegig und für Deutschland schädlich seien, wie er das öffentlich ja oft genug zum Ausdruck gebracht hat. Er hatte bereits den ersten Wahlerfolg im Rücken.

Sein politisches Prestige hatte sich seit 1950 im übrigen primär im europäischen Ausland und auch in Amerika aufgebaut, bevor es dann in der deutschen Öffentlichkeit und Wählerschaft sozusagen als Import wirksam wurde. Das Bewußtsein, wie bedeutend das ausländische Urteil für ihn auch innenpolitisch war, hat seinen Umgang mit ausländischen Medien spürbar mit geprägt. Im Hintergrund dieses vergleichsweise souveränen Umgangs stand überdies eine profunde politische Lebenserfahrung mit entsprechend gereiftem Urteil, was mit der hektischen Aktualitätsbezogenheit und dem detektivischen Eifer der gängigen internationalen journalistischen Praxis kontrastierte und was zu Adenauers Vorteil und Überlegenheit gegenüber manchem jungen und jugendlichen Inquisitor und Nachrichtenjäger beitrug.

Zumeist war seine unabhängig-souveräne Art im Einzel- wie im Gruppengespräch allerdings von einer Aura der Sorge und Besorgnis überschattet. Die Erinnerung mag täuschen; sie ist für mich und nicht wenige meiner einstigen Bonner Kollegen aber mit der Vorstellung eines fast permanent von Sorge, primär außenpolitischer Sorge bewegten, sehr oft bedrückten Bundeskanzlers verbunden. Er hat die Basis seiner Politik von daher offensichtlich für fragil und für ständig gefährdet gehalten. Sie hing einerseits vom Willen und der politischen Möglichkeit der kontinentalen Partner, mit dem westlichen deutschen Staat den europäischen Prozeß weiterzuführen, andererseits von der amerikanischen Sicherheitsgarantie für die Bundesrepublik und Mitverantwortung für die Deutschlandpolitik und drittens — namentlich in den späten Jahren — auch davon ab, daß die beiden erwähnten tragenden Elemente nicht in Gegensatz zueinander gerieten. Die Chance, daß Bonn ständig mit jeweils mindestens einem dieser Elemente Sorgen hatte, war objektiv gegeben. Lassen Sie mich mit bloßer Aufzählung an das Scheitern der Europäischen Verteidigungsgemeinschaft, an den — später — Dauerschatten des gaullistischen Nationalismus, an die Integrationskonflikte seit den sechziger Jahren, ferner an Oszillationen und Schwankungen der sicherheitspolitischen, strategischen und globalpolitischen amerikanischen Konzepte und an die ständig widersprüchliche Bewegung der amerikanischen öffentlichen Meinung, die Adenauer vielleicht ernster nahm, als man sie in ihrer permanenten Quecksilbrigkeit wohl nehmen müßte, erinnern. Schließlich erinnere ich an den quälenden Dualismus zwischen amerikanischer und europäischer bzw. französischer Option, der besonders seit 1960 die Bonner Politik und vor allem den in diesem Punkte hochsensiblen Kanzler in ständiger Unruhe hielt.

Über die objektiv gegebenen Anlässe zu solcher Beunruhigung hinaus scheint mir ein konstitutioneller Hang zu Mißtrauen und pessimistischer Einschätzung die Sorgen außenpolitischer Art bei Adenauer verstärkt und verschlimmert zu haben. Von ausländischen Besuchern wollte er immer wieder Urteile über die internationale Lage, die Lage in einzelnen Hauptstädten, über handelnde Personen hören. Er korrigierte sie dann meist in pessimistischem Sinne, so nicht nur etwa in bezug auf Macmillan, der in dieser Beziehung ein Dauerthema war, sondern auch in bezug auf Dulles und auf de Gaulle, in bezug auf den letzteren selbst in Lagen, in denen er unter europäischem Gesichtspunkt kaum zu kritisieren war, so zum Beispiel in seiner Auseinandersetzung mit den putschenden algerischen Generälen, für die er von seinem Bonner Partner merkwürdigerweise sehr negative Zensuren erhielt. Am Schluß von de Gaulles Triumphfahrt in der Bundesrepublik (1962) — noch auf dem Stuttgarter Flughafen — warnte er einen ausländischen Korrespondenten vor diesem gefährlichen Mann. Offenbar hatte er bereits die dann folgende Auseinandersetzung mit den Amerikanern vor Augen, die ihm wegen der zu institutionalisierenden besonderen deutsch-französischen Beziehungen drohte oder schon sicher war.

So konstant seine außenpolitische Linie erscheint, so inkonstant waren gelegentlich seine Äußerungen über die Partner im internationalen Spiel, auch über diejenigen, die man für seine zuverlässigen Weggefährten hielt. Ich erinnere mich nur an einen einzigen Fall, in dem er im Gespräch über die internationale Lage, die er ja zumeist als „noch nie so ernst" empfand oder wenigstens bezeichnete, Optimismus wenn nicht äußerte, so doch andeutete. Die höchst unjournalistisch-allgemeine Frage hatte den Überlebenschancen Europas im Zeichen polarisierter globaler Großmächtepolitik gegolten — aus Anlaß der Abschiedsvisite im Jahr seiner tiefsten Zukunftssorgen, im Jahre 1963. Er schien damals letztlich — trotz Wenn und Aber — doch an das Überleben zu glauben.

Als seine deutschlandpolitische Sorge Nummer 1 stellte er stets das Wiederaufleben eines deutschen Nationalismus heraus — für den Fall, daß die wesentlichen Verbündeten die Bundesrepublik mit ihrer nationalen Frage allein im Regen stehenlassen sollten. Dies schien ihm eine echte Sorge zu sein, obwohl man bei ihm nie ganz die Frage im Hinterkopf los wurde, was er mit solchen Unterstreichungen jeweils bezweckte. Ob die Sorge aber nun echt war oder die Unterstreichung als politischer Fingerzeig zu verstehen war: Die Befürchtung hat sich nach praktisch vollzogener internationaler Anerkennung der Zweistaatlichkeit Deutschlands bis zur Stunde nicht erfüllt.

So gern Adenauer ausländische Medien zur inoffiziellen Komplettierung seines Weltbildes benutzte, welche er dann gegen seine offiziellen Informationen gelegentlich auch wieder ausspielte, so gern er also ausländische Gesprächspartner zu solchen Zwecken benutzte, ohne sich von ihnen sein Weltbild wesentlich aufhellen zu lassen —, wichtiger waren ihm die ausländischen Medienleute natürlich als Katalysatoren seiner eigenen Politik. Auf negative Publizität vor allem der amerikanischen Presse reagierte er in bestimmten Situationen — ich habe besonders die Situation nach dem Moskau-Besuch im Jahre 1955 in Erinnerung — hochempfindlich. Er bemühte sich dann intensivstens um Korrektur des Bildes. Umgekehrt suchte er ausländische Organe gelegentlich auch zu benutzen, um das Bild seiner Außenpolitik nach innen zu korrigieren, z. B. als die Saar-Abstimmung 1955 das von ihm ausgehandelte Saar-Statut und seine Saar-

Politik insgesamt desavouiert und ihm ungünstige Publizität in der Bundesrepublik eingebracht hatte.
In welcher Weise er mit den Mitteln der Politik selber die Macht der Presse günstig zu stimmen suchte, zeigt sich etwa in der Sorgfalt, mit der er die Annäherung an Israel in Gang setzte und im New Yorker Gespräch mit Ben Gurion akzentuierte. Der politische Zug — daran habe ich keinen Zweifel — dürfte in seiner Ausführung einiges mit seiner Einschätzung des jüdischen Einflusses in den amerikanischen Medien zu tun gehabt haben, womit natürlich nicht seine moralisch-politischen Motive verkleinert werden sollen. In Adenauers Vorstellung vom Funktionieren der Organe öffentlicher Meinungsbildung müssen ungelöste Widersprüche bestanden haben. Seiner Dauerbemühung um eine gute Presse in der Annahme, öffentliche Meinung lasse sich irgendwie doch auch auf Regierungswegen „machen", steht der gemischte Erfolg bzw. der zeitweilige deutliche Mißerfolg dieser Bemühungen gegenüber. Dieser Dauerbemühung steht auch sein eigener Verdacht gegenüber, hinter negativer Publizität stecke Mache, steckten sinistre, adverse Hintergrundeinflüsse. Gänzlich unanfällig für Anwandlungen, da und dort Verschwörung in der öffentlichen Meinung zu vermuten, ist er jedenfalls nicht gewesen. Er schien von der Annahme auszugehen, daß verantwortliche Publizistik von derselben Staatsräson und Loyalität motiviert sein müßte, der er sich verpflichtet fühlte, und daß dort, wo das nicht der Fall war, dann eben der Bereich unobjektiver Einflüsse, der Bereich wenn nicht von Korruption, so doch von Degeneration der Medien und auch Meinungsmache im Spiel sei. In seinen Reaktionen darauf äußerten sich neben Unmut gelegentlich auch Verständnislosigkeit und Hilflosigkeit.
Gegenüber solcher Auffassung von verantwortlichem Journalismus mußte der journalistische Betrieb auch der in Bonn wirkenden Auslandspresse in größeren Teilen stark abfallen. Ich weiß nicht, ob sich Adenauer über die Bedingungen klar war, unter denen dieser Journalismus zu großen Teilen betrieben wurde. Die Mehrzahl der hier tätigen Auslandskorrespondenten hatte nicht nur über Bonn und Bonner Politik, sondern über Deutschland insgesamt und oft noch wesentlich darüber hinaus, über weitere Teile Europas und über alles Anfallende zu berichten. Das schloß nicht nur hohe Politik und Bonner Politik ein, sondern auch Mord und Totschlag, Fräuleinwunder und Oktoberfest und faits divers aller Gattungen. Diese Art von Metier war weder der Wahrung der politischen Proportionen im Bild der Bundesrepublik noch dem Analysieren von Staatsräson und von politischen Komplexitäten sehr förderlich. Stéphane Roussel[213], eine Kollegin aus jener Zeit, gibt in ihrem Erinnerungs-

buch, das letztes Jahr in deutscher Sprache erschien, einen Begriff davon, mit welchen Ereignissen, mit welchen redaktionellen Erwartungen und auch mit welchen Windströmungen zufälliger und oberflächlicher Urteile über Deutschland zu Hause sich die Bonner Reporterin eines auflagenstarken französischen Blattes auseinanderzusetzen hatte.
Von den Jahrmarktaspekten des Informationsbetriebes dürfte Adenauer, falls er jene überhaupt realisierte, keine sehr hohe Meinung gehabt haben. Das hat ihn allerdings nicht gehindert, ihnen bei Gelegenheit auch seinerseits ironischen Tribut zu zollen und amüsiert mit diesen Aspekten zu spielen — bis hin zum Posieren mit jenem Pepitahütchen von Cadenabbia, das ihm auch international mehr positive Publizität eingebracht hat als manche profunde Analyse seiner Politik.

Karl-Günther von Hase:

Vielen Dank, Herr Dr. Luchsinger. Wir haben alle das Gefühl, daß Sie bei Ihrem Referat mehrere sehr bedeutende Hüte getragen haben. Sie haben uns sowohl als Bonner Korrespondent mit dem Blick aus der Nähe als auch als Chefredakteur eines Weltblattes mit großer Übersicht Ihr Bild von Konrad Adenauer gezeichnet. Sehr herzlichen Dank! —
Ich bitte nunmehr Herrn Dr. Schulze-Vorberg, mit seinem Referat zu beginnen.

Max Schulze-Vorberg

KONRAD ADENAUER UND DER RUNDFUNK

Herr Vorsitzender! Meine sehr geehrten Damen und Herren! Ich habe hier das erste handgeschriebene Blatt von Konrad Adenauer, das ich besitze. Es stammt aus dem Jahre 1949. Es beginnt mit den Worten „anstrengende Tage" und schließt mit den Worten „morgen Kanzlerwahl". Es ist klar: Am Tage vor der Kanzlerwahl war ein Interview fällig. In der Mitte steht der schöne Satz über Bayern: „einziges Land mit Staatsgefühl". Das war damals so, und es ist bis heute so geblieben.
Die Tatsache, daß in Bayern Stimmen gesammelt werden — nur im Lande Bayern —, die sich dann bundespolitisch in einem sehr starken Maße auswirken — damals wie heute —, hat wohl auch etwas damit zu tun. Das sage ich deshalb, weil auch die Tatsache, daß der Vertreter des Bayerischen Rundfunks hier oben sitzt, etwas damit zu tun haben könnte. Ich sehe Otto Schumacher-Hellmold und Hans Wendt hier vor mir, die Kollegen vom NWDR, wie er damals noch hieß, vom Ortssender, der hier dauernd gehört wurde und dann natürlich auch besonders kritisiert wurde, während wir mit dem Bayerischen Rundfunk in Bonn ursprünglich gar nicht zu hören waren. Wir mußten uns also bemühen, die Texte, die es bei uns gab — seien es die Texte von Kommentatoren oder seien es auch die Texte von Politikern, die sich bei uns zu Wort gemeldet hatten oder die darum gebeten worden waren, eine Stellungnahme abzugeben —, auf andere Weise unter die Leute zu bringen. Wir haben die Manuskripte verteilt. Das Presseamt hat uns dabei geholfen. Wir haben allerdings auch erreicht, daß der Bayerische Rundfunk über Drahtfunk in Bonn sehr gut empfangen werden konnte. Vielleicht hat auch das dazu beigetragen, daß Adenauer eine Reihe von Reden bei uns gehalten oder Interviews bei uns gegeben hat.
Das Wort vom einzigen Land mit Staatsgefühl, das sich auf Bayern bezog, gesprochen am Tag vor der Kanzlerwahl, spielte natürlich eine besondere Rolle. Adenauer brauchte die bayerischen Stimmen. Das konnte man ausrechnen. Die Kanzlerwahl mußte knapp werden. Professor Theodor Heuss war erst im zweiten Wahlgang zum Bundespräsidenten gewählt worden. Die CSU-Stimmen hatte Adenauer sicher, und zwar so sicher,

wie man unter Koalitionsfreunden sein kann. Die Bayernpartei wollte er gewinnen. Es ist wohl eine Tatsache, daß unter anderem möglicherweise auch ein solches Interview mit der Aussage, daß Bayern das einzige Land mit Staatsgefühl sei, den einen Abgeordneten der Bayernpartei, den Abgeordneten Wartner[214] aus Niederbayern, dazu gebracht hat, schon im ersten Wahlgang für Adenauer zu stimmen. Das gilt als sicher. Ich persönlich bin der Meinung, es könnten sich noch zwei oder drei andere von der Bayernpartei so verhalten haben, die später ja auch zur CSU gegangen sind. Das würde natürlich bedeuten, daß der eine oder der andere aus der Koalition dem Bundeskanzler damals möglicherweise schon die Stimme verweigert hatte. Das war damals so, und es ist bis heute so geblieben.

Adenauer hat in diesem Interview auch angekündigt, Bundesratspräsident solle Hans Ehard, der Ministerpräsident von Bayern, werden. So hat er es auf seinem Manuskript aufgezeichnet: Bundesratspräsident Ehard. — Das beweist, daß auch Adenauer nicht alles durchsetzen konnte. Die Ministerpräsidenten unserer Länder waren nämlich gegen Adenauer, gegen Professor Erhard und gegen den Ministerpräsidenten Hans Ehard, die sich bei einem Dreiergespräch in Frankfurt für eine bürgerliche Koalition von CDU/CSU, FDP und DP ausgesprochen hatten: für die Marktwirtschaft, gegen den Sozialismus. Eine entsprechende Vereinbarung kam zustande. Es ist Herrn Professor Morsey zu verdanken, daß er dieses Frankfurter Gespräch bis in alle Einzelheiten hat darstellen können — mit Akten, die aus Bayern kamen, wenn ich es richtig weiß.[215] Es hält sich bis heute die Meinung, daß die Entscheidung eigentlich bei der Konferenz in Rhöndorf gefallen sei. Sie hat die Entscheidung von Frankfurt untermauert und bestätigt. Dazu kam es in einem Kreise von Politikern, zu dem Adenauer z. B. den Ministerpräsidenten Arnold aus Nordrhein-Westfalen, von dem er wußte, er werde mit Sicherheit nicht für die von ihm gewollte bürgerliche Koalition stimmen, gar nicht erst eingeladen hatte. Die CDU-Ministerpräsidenten waren nämlich eindeutig für eine Koalition mit der SPD, wie es sie ja auch in allen Ländern gab. Darum wollten sie Karl Arnold aus Nordrhein-Westfalen als Bundesratspräsidenten, und sie wählten ihn auch. Manche — selbst in der Union — hofften wohl auch noch auf Karl Arnold als Kanzler. Die erwähnte Stimme bzw. die Stimmen aus der Bayernpartei halfen das damals zu verhindern.

Vielleicht hat Adenauer auch deshalb später oft im Bayerischen Rundfunk gesprochen, vor allen Dingen in der Sendereihe „Politik aus erster Hand“. Am 7. Februar 1951 hat Konrad Adenauer diese Sendereihe eröffnet. Er hat dann in einem Jahr noch viermal in dieser Sendereihe „Po-

litik aus erster Hand" gesprochen. Dreimal hat der erste SPD-Vorsitzende Kurt Schumacher eine Woche später jeweils mittwochs in der besten Sendezeit — das war damals abends um 20 Uhr — geantwortet. Die Presse druckte diese Rundfunkbeiträge gerne nach. Weil das Echo so gut war, nutzte Adenauer unsere Sendereihe immer wieder.
Im ersten Beitrag begann er mit einem Hinweis auf das Grundgesetz. Als Kanzler bestimme er die Richtlinien der Politik. Er müsse seine Worte darum sehr wägen, mehr als ein Parteiführer. Dann sprach er über die Mitbestimmung und würdigte die große Aufbauleistung der deutschen Arbeiter nach dem Krieg. Er ging sodann auf den Brief des DDR-Ministerpräsidenten Grotewohl ein, den er nicht direkt beantworten wollte.[216] Er sagte in seinem ersten Beitrag in der Reihe „Politik aus erster Hand", drüben müßten erst die Konzentrationslager verschwinden. Diesen Begriff hat er dann gleich noch zweimal benutzt.[217]
In dieser Zeit hatte auch Bundestagspräsident Hermann Ehlers einen Brief von drüben bekommen, und zwar vom Volkskammerpräsidenten Dieckmann.[218] Der Briefwechsel zwischen beiden — Ehlers hat also direkt geantwortet — bleibt interessant. Ehlers lud das Volkskammerpräsidium nach Bonn ein, und es kam. Allerdings stand Ehlers ihm dann völlig allein gegenüber. SPD und FDP hatten ihren Vizepräsidenten, Carlo Schmid und Hermann Schäfer, ausdrücklich untersagt, dabeizusein. Der Fraktionsvorsitzende der CDU/CSU, Heinrich von Brentano, versuchte von Straßburg — er war dort beim Europarat — telefonisch, Ehlers umzustimmen. Ehlers empfing die Volkskammerdelegation und gab mir anschließend ein Interview.[219]
Das Interview erschien am nächsten Tag im „Bulletin" der Bundesregierung auf der ersten Seite. Konrad Adenauer hatte an der klaren Aussage von Hermann Ehlers Gefallen gefunden: Für Frieden und Freiheit, gegen die Konzentrationslager und das Zuchthaus Waldheim, in dem damals nach der Zwangsvereinigung der SPD mit der KPD zur SED vor allem viele Sozialdemokraten einsaßen.
Ich erwähne Ehlers vor allem deshalb, weil er schon 1950 erlaubt hatte, die Plenarsitzungen des Deutschen Bundestages im Rundfunk zu übertragen. Er stützte sich dabei auch auf positive Erfahrungen in Dänemark und in der Schweiz. Konrad Adenauer erkannte die Bedeutung dieser Übertragungen und natürlich auch die Vorteile, die sie für die Regierung boten, da ein Minister jederzeit in die Debatte eingreifen kann. Konrad Adenauer bedauerte, daß das Parlament selbst seine Chance nicht besonders gut nutzte, sie gar verspielte, vor allem durch mangelnde Präsenz. Er hat wiederholt betont, der Bundestag sei viel zu groß. Statt der ur-

sprünglich 400 Mitglieder, die man dann auf über 500 ausgeweitet hat, hätte Konrad Adenauer lieber etwa 300 Mitglieder gesehen. Doch Adenauer nutzte die Möglichkeiten der Direktübertragungen aus dem Plenarsaal, zumal seine einfache, klare Sprache draußen besonders wirksam war.

Kurt Schumacher beurteilte Adenauers Reden natürlich sehr kritisch, vor allem in der Zeit, da seine fortschreitende Krankheit ihm nicht mehr erlaubte, im Plenum dabeizusein. Damals gab Dr. Schumacher mir ein Interview auf der Bühler Höhe. Bei den Aussagen des Oppositionsführers im Bayerischen Rundfunk fällt immer wieder die harte Kritik am Kanzler auf: Er schiebe alles auf die lange Bank. Er weiche Entscheidungen aus. Die deutsche Position sei noch nie so schlecht gewesen wie gerade jetzt. — Das sagte Schumacher ausdrücklich im Hinblick auf den Schuman-Plan. Ich fuhr damals, im April 1951, als Korrespondent des Rundfunks nach Paris und nahm ein Interview mit Adenauer auf, und zwar schon morgens beim Frühstück im Hotel „Crillon", noch vor der Unterzeichnung.[220] Dem Kanzler war das gar nicht recht. Er sagte, das passe doch gar nicht; ich täte so, als ob die Unterzeichnung schon stattgefunden hätte. Ich solle das so nicht machen. Er hat das Interview dann aber schließlich doch gegeben. Dem Kanzler war es aber, wie gesagt, nicht recht. Mein kleines Aufnahmegerät streikte seinerzeit auch halb. Kurz gesagt: Das Tonband war kaum zu gebrauchen. Die Aufnahme war technisch schlecht. Mir half dann ein französischer Kollege; ich bekam direkt nach der Unterzeichnung des Schuman-Planes eine Leitung aus dem Quai d'Orsay. Ich hörte endlos lange Reden und ging dann mit dem Mikrophon in der Hand auf Adenauer zu. Seine Frage: „Sagen Sie einmal, haben Sie nun Ihr Interview, oder haben Sie es nicht?" — Ich habe ihm daraufhin meine Peinlichkeiten geschildert. Er sagte dann: „Sehen Sie, es ist doch auch viel besser so. Herr Kollege Schuman, Sie werden doch sicher auch etwas für den Bayerischen Rundfunk sagen." — Auf diese Weise bekam ich durch des Kanzlers Intervention ein Doppelinterview.

Gern würde ich von der einen oder anderen Auslandsreise noch etwas erzählen: Zum Beispiel von dem Interview mit dem Schah und Kaiserin Soraya in Teheran. Walter Henkels[221]hat das im einzelnen beschrieben. Nur dies noch: Wir waren von unserem Botschafter instruiert worden, daß wir die Majestäten unter keinen Umständen direkt ansprechen dürften. Wir verfuhren dann so, daß wir sagten: „Herr Bundeskanzler, würden Sie Majestät einmal fragen?" — Er antwortete: „Seien Sie doch nicht so schüchtern. So kenne ich Sie ja gar nicht. Fragen Sie doch selber." Das war seine Hilfe für uns.

In Moskau[222] durfte ich nach Adenauers Intervention sogar mit dem Mikrophon in den Konferenzraum im Spiridonowka-Palast. Das war für mich wichtig. Es war aber nur dank einer Intervention von Adenauer möglich. In der Erinnerung ist mir interessant, welchen besonderen Wert Adenauer darauf legte, daß die begleitenden Journalisten gut informiert waren. Das war vor allen Dingen auch bei der Moskaureise der Fall. Ich besitze noch ein streng geheimes Dokument aus dem Auswärtigen Amt, das sich in allen Einzelheiten damit befaßt, was in Moskau passieren, welche Fragen wohl aufkommen könnten, welche Beschlüsse dazu im Bundestag gefaßt worden seien, was die Regierung und was die SPD-Opposition dazu gesagt habe. Das wurde in vielen Einzelfragen abgehandelt. Ich muß nachträglich sagen, dieses Dokument liest sich auch heute noch wie ein Fahrplan für diese Moskaureise.

Ein paar Wochen nach der Reise — Adenauer hatte mir ein Interview zugesagt — sah es wieder sehr nach einer Panne aus. Er sagte nämlich kurzfristig wegen Termindrucks ab. Ich bin daraufhin mit dem Mut der Verzweiflung im Bundeshaus in einem Gang auf ihn zugegangen und habe ihm gesagt, daß ich am vergangenen Sonntag in Altötting bei seinem Namenspatron, beim Bruder Konrad, gewesen sei; daß es so für mich ausgehe, sei doch tragisch. Der Kanzler unterbrach mich und sagte: „Sie haben ja keine Ahnung von unserer katholischen Kirche. Ich war schon Oberbürgermeister von Köln, als Bruder Konrad seliggesprochen wurde. Wie kann das mein Namenspatron sein?"

Dann schellte aber doch bald das Telefon. Es hieß: „Sie sollen sofort zum Kanzler zur Aufnahme kommen." — Ich eilte dann hinüber ins Kanzleramt. Der Bundeskanzler kam herein und sagte: „Sehen Sie, der Bruder Konrad hat doch geholfen."[223]

In jenem Interview sagte er damals den Satz — davon besitze ich auch noch die Handschrift —: „Alle Völker wollen Frieden."

Eine Konsequenz der Moskaureise war, daß es in Bonn fortan einen sowjetischen Botschafter gab. Ich lud Botschafter Andrej Smirnow ein, nach seinen Kollegen, die die Westmächte vertraten, auch in der Sendereihe „Politik aus erster Hand" zu sprechen. Am 5. November 1958 nahm ich seinen Beitrag in der sowjetischen Botschaft auf. Als ich stolz in mein Büro zurückkehrte, saß dort mein Intendant Dr. Stadelmayer.[224] Er schien ein ganz gebrochener Mann zu sein. Er war nämlich zusammen mit bayerischen Zeitungsverlegern beim Kanzler gewesen, und dort war bekanntgeworden, abends werde Smirnow im Bayerischen Rundfunk sprechen. Adenauer hatte sehr ungehalten reagiert. Nicht nur ADN, die Agen-

tur der DDR, berichtete von „unerhörten Ausfällen" des Kanzlers gegen den Botschafter und vom Druck auf den Bayerischen Rundfunk.
Walter von Cube[225], unser Programmdirektor, trotzte allen politischen Widerständen. Wir haben die Rede dennoch gesendet. Sie ist ein Dokument der Ostpolitik unter Adenauer geblieben, denn sie zählt zum Beispiel auf, welche Verträge damals schon mit Moskau geschlossen waren.
Am nächsten Vormittag durfte Dr. Stadelmayer zum Bundeskanzler kommen. In meinem Beisein haben sich die beiden Herren gegenseitig versichert, daß ich kein Kommunist sei. Adenauer gab zu: Eigentlich ist die Rede eine sehr gute Sache gewesen. Wenn man schon einen sowjetischen Botschafter in Bonn hätte, wäre ein Mann wie Smirnow genau der Richtige. Im übrigen habe Smirnow in Moskau, wie er wisse, große Schwierigkeiten. Im Grunde sei das also eine gute Sache gewesen. Wir mußten uns vor dem Rundfunkrat wegen dieser Rede aber stundenlang verteidigen. Manchmal lese ich mit großem Vergnügen nach, was damals alles an Argumenten gegen eine Rede des sowjetischen Botschafters im Bayerischen Rundfunk vorgebracht worden ist. Damals hat mir Felix von Eckardt sehr geholfen. Er hat die Sache in einer Bundespressekonferenz in aller Kürze aus der Welt geschafft. Er hat gesagt, daß auch der Bundeskanzler die Sache jetzt ganz ohne Aufregung sehe.
Aufgeregt hatte sich Konrad Adenauer, als 1954 der Vertrag über die Europäische Verteidigungsgemeinschaft in Paris gescheitert war. Seine Rundfunkerklärung dazu veranlaßte Erich Ollenhauer — der nach Schumacher SPD-Vorsitzender war — zu der Warnung, der Kanzler dürfe Frankreich nicht brüskieren oder isolieren. Damals erholte sich Konrad Adenauer auf der Bühler Höhe und sprach mir ins Mikrophon: Ich denke nicht daran, Frankreich zu brüskieren, aber wer meine Sorge verstehen will, der lese einmal die französische Presse, nicht nur die kommunistische, auch die gaullistische. — Eben ist von unserem Freund und Kollegen Luchsinger gesagt worden, daß Adenauer auch Bedenken gegen de Gaulle hatte. Ich kann das mit dieser Erklärung nur unterstreichen. Das Verhältnis zu de Gaulle war nämlich nicht immer so gut wie in späteren Zeiten, nach Reims, nach dem deutsch-französischen Vertrag.
Im letzten Interview, das ich mit Adenauer machen durfte — es war am Tag, nachdem er nicht mehr Kanzler war —, habe ich ihn auch nach seiner Politik zu de Gaulle gefragt. Eine Frage lautete: „Was halten Sie von einem Europa der Vaterländer?" — Adenauer fragte daraufhin zurück: „Wollen Sie etwa ein Europa der Provinzen?" — Ich finde in diesem Interview auch folgenden Satz, den ich für einen guten und tiefen Satz halte: „Man kehrt zurück zu seinen Ausgängen." —

In meinem Rundfunktagebuch habe ich eine Eintragung des Abgeordneten Dr. Otto Lenz, der heute schon ein paarmal angesprochen worden ist. Weil Lenz auch für die Informationspolitik, für die Pressepolitik Adenauers so wichtig war, wie wir das heute morgen gehört haben, möchte ich dazu doch noch einige Sätze sagen. Lenz, der schon Abgeordneter war, hat eingetragen und dies im Bayerischen Rundfunk auch gesprochen — ich glaube, das ist bei der ADK durch unseren Freund Jahn alles vorbereitet gewesen —: „Im Interesse der Befestigung der Demokratie im Inneren und einer richtigen Unterrichtung unseres Volkes über das Ausland und des Auslandes über Deutschland trete ich für ein politisches Informationsprogramm ein." (Bonn, 14. Oktober 1953).

Lenz hatte als Staatssekretär im Kanzleramt für ein Informationsministerium geworben. Wir haben darüber heute morgen schon einige Meinungen gehört. Felix von Eckardt war ganz deutlich dagegen — sicher auch beeinflußt durch die geschlossene Haltung der deutschen Presse.

Als ich diese Rundfunkaufnahme mit Dr. Lenz machte, hat er mir folgendes erzählt. Seine Pläne betreffend ein Informationsministerium habe Adenauer zunächst scheinbar wohlwollend verfolgt. Jedenfalls habe er, Lenz, das so interpretiert. Adenauer habe dann zu ihm gesagt: „Herr Lenz, wenn Sie bei mir Minister werden wollen, müssen Sie aber Abgeordneter sein. Dazu will ich Ihnen aber gern verhelfen." — Lenz bekam mit Hilfe des Kanzlers 1953 den Wahlkreis an der Ahr und erzielte dort einen besonders großen Wahlerfolg. Am Montag nach der Wahl konnten sich also der alte Kanzler und der neue Abgeordnete gegenseitig gratulieren. Adenauer habe, so erzählte Lenz, damals zu ihm gesagt: „Herr Abgeordneter Lenz, als Abgeordneter können Sie natürlich kein Staatssekretär mehr sein". — So war Adenauer Herrn Lenz — jedenfalls im Kanzleramt — losgeworden. Zu diesem Vorgang haben einige von uns hier sicher heute noch weitere Einzelheiten beizutragen.

Felix von Eckardt — damit will ich schließen — hat im Bayerischen Rundfunk den schönsten Satz gesprochen: „Politische Informationen durch Frage und Antwort sind das Beste, was der Rundfunk bieten kann." — Ich habe mir überlegt, warum Konrad Adenauer doch verhältnismäßig oft Rundfunkerklärungen abgegeben hat. Er hat einmal — auch in der Sendereihe „Politik aus erster Hand" — deutlich gesagt: „Damit kann ich mich direkt an die Leute wenden. Bei der Presse bin ich immer darauf angewiesen, was der schreibende Journalist aus meinen Erklärungen macht, wie er sie kürzt usw., wie er sie interpretiert, mit welchen Überschriften er sie versieht. Bei euch im Rundfunk gehe ich davon aus, daß eine Erklärung, die ich abgebe, dann auch so gesendet wird, wie ich sie abgegeben habe. Das ist mir sehr wichtig."

Außerdem kam seine Stimme, wie ich vorhin schon einmal erwähnt habe, mindestens in Teilen der Bundesrepublik besonders gut an, natürlich vor allen Dingen in seiner rheinischen Heimat. Ich beziehe mich in diesem Zusammenhang auf die erste Rede, die Konrad Adenauer 1946 als Zonenvorsitzender der CDU in Köln hielt. . . . Diese Rede hielt er nicht in der Karnevalszeit, sondern im März, in der schönen Frühlingszeit, in der wir uns auch jetzt befinden. Er hat diese große und sehr grundsätzliche Rede von der CDU mit einem dreifachen „Kölle alaaf!" abgeschlossen.[226] Ein Bonner Bäckermeister sagte mir einmal — ich darf es auf rheinisch wiedergeben —: „Wissen Sie, wenn ich unsere Herr Bundeskanzler im Radio reden hör, mit de leev rheinische Stimm, die er het — jrad wie de liebe Heiland." — Als ich das dem Bundeskanzler sagte, erwiderte er: „Wissen Sie, das ist ja nun wirklich übertrieben." — Vielen Dank.

Karl-Günther von Hase:

Vielen Dank, Herr Schulze-Vorberg. Das war ein vorzügliches Plädoyer für den Rundfunk, für Bayern und für den Bundeskanzler.

Damit kommen wir zu unserem letzten Referat. Der Referent hat, wie ich glaube, für unsere Tagung eine ganz besondere Bedeutung. Herr Professor Dr. Holzamer ist der einzige von uns, dessen aktive Tätigkeit bis in die Zeit vor 1933 übergreift. Professor Holzamer war bereits 1931 für den damaligen Reichssender Köln und für den Westdeutschen Rundfunk in Köln tätig. Er war während des Krieges Kriegsberichterstatter und dem Rundfunkwesen natürlich auch dadurch besonders verbunden. Nach dem Kriege wurde er frühzeitig Mitglied des Rundfunkrates des Südwestfunks. Seine Tätigkeit als Gründungsintendant des ZDF, der dann noch zweimal als Intendant des ZDF wiedergewählt wurde, ist Ihnen allen bekannt. Wir schlagen damit sozusagen einen Bogen von den Frühanfängen der elektronischen Medien bis zu ihrer vollen Entfaltung in unseren Tagen. Gerade kürzlich hat noch ein längeres Gespräch, die sogenannte „Radiorunde" im ZDF, stattgefunden, in dem die Altmeister des Rundfunks — Herr Schulze-Vorberg wird dies sicher auch verfolgt haben — ihre Erfahrungen ausgetauscht haben. Herr Professor Holzamer, ich betrachte mich in meiner späteren Intendantenzeit als ein Schüler von Ihnen und bin besonders dankbar, daß Sie hier diesen Part übernehmen. Ich darf Ihnen das Wort erteilen.

Karl Holzamer

KONRAD ADENAUER UND DAS FERNSEHEN

Herr Vorsitzender! Meine sehr verehrten Damen und Herren! Ermutigt durch den Herrn Vorsitzenden will ich kurz noch einmal auf die aktive Rolle auch des Oberbürgermeisters Adenauer zurückkommen, die wahrscheinlich einer weiteren Untersuchung seines Verhältnisses zu Presse und Rundfunk in diesen Jahren wert ist. Sie haben sich dies ja auch vorgenommen. Ich möchte dem, was Herr Dr. Küsters gesagt hat, daß eine Geringschätzung der Presse durch den Kölner Oberbürgermeister vorgelegen hätte, eigentlich widersprechen, und zwar aus meiner eigenen Erfahrung. Ich bin 1931 zum seinerzeitigen Westdeutschen Rundfunk gekommen und weiß aus dieser Zeit, mit welchem Interesse der Oberbürgermeister auch die Tätigkeit dieses Westdeutschen Rundfunks verfolgte. Er hatte selbst erheblichen Anteil daran, daß der Schriftsteller und Theaterleiter Ernst Hardt[227] 1926 der erste Intendant des Westdeutschen Rundfunks wurde. Der Westdeutsche Rundfunk konnte sein Haus in Köln ja erst eröffnen, nachdem die Besatzung dort gewichen war. Der Sender Langenberg befand sich ja außerhalb von Köln. Ferner habe ich erlebt, wie beide, Ernst Hardt und Konrad Adenauer, zusammen das fünfjährige Bestehen des seinerzeitigen Westdeutschen Rundfunks in der Kölner Messe feierten. Schließlich habe ich von Herrn Dr. Magnus[228], dem Direktor der Reichsrundfunkgesellschaft, der nach dem Kriege dann auch Verwaltungsrats- und Rundfunkratsvorsitzender des Hessischen Rundfunks war, eine kleine Episode gehört, die bezeichnend ist. Dr. Magnus reiste in den Anfangszeiten des Hörfunks in den verschiedenen Großstädten umher, um zu veranlassen, daß ein besserer Hörfunkempfang in den Städten möglich war, der meistens durch die Oberleitungen der Straßenbahnen verhindert wurde. Er besuchte, wie er mir erzählte, ebenfalls Dr. Adenauer. Adenauer fragte natürlich mit besorgter Einwendung, was es kosten würde, wenn man die Entstörung durchführen würde. Um sich zu vergewissern, rief er seinen Kämmerer zu sich, der ihm dann auch die Zahlen vorlegte. Diese Zahlen waren ziemlich betrüblich. Als der Kämmerer wieder draußen war, sagte Adenauer: „Es wird gemacht! Rundfunk ist wichtig." — Das war seine Einschätzung, die er schon damals hatte.

Ich möchte noch eine weitere Vorbemerkung machen, die im Hinblick auf das Verhältnis von Hörfunk *und* Fernsehen wichtig ist. Die Geschichte des Verhältnisses Adenauers zum Fernsehen und insbesondere seine Gründung der Deutschland-Fernsehen GmbH auf privater Grundlage ist untrennbar mit der Geschichte des Rundfunks, unter den ja Hörfunk und Fernsehen subsumiert werden, verbunden. Werfen wir einen Blick auf die Anfangszeit. Das Grundgesetz läßt sich nur in technischer Hinsicht über den Rundfunk aus. Der Rundfunk kommt nur als technisches Instrument im Grundgesetz vor.[229] In der Anfangszeit waren auch Tendenzen vorhanden, das aufkommende Fernsehen eventuell mit dem Film zu kombinieren. Es gab eine solche Tendenz auch bei Abgeordneten des Bundestages. Herr Dr. Mende wird es vielleicht bestätigen können. Wenn das Fernsehen als Filmeinrichtung, als Bildverbreitungsmittel und nicht als ein elektronisches, mit Wellen vermitteltes Instrument angesehen worden wäre, wäre man um das Problem des Verhältnisses von Bund und Ländern herumgekommen. Deswegen ist die Geschichte des Hörfunks und der entstehenden neuen Institutionen auf Länderebene untrennbar mit der Bundesrepublik und speziell mit der Politik von Dr. Adenauer verbunden. Das zeigte sich nach meiner Erfahrung zuallererst darin, daß in keinem der Staatsverträge oder Rundfunkgesetze, die nach dem Kriege in Ablösung der Ordonnanzen, der entsprechenden Verordnungen der Besatzungsmächte, entstanden sind, die Bundesregierung vorkam. *Nur* bei der Vertragsgrundlage für den Südwestfunk gab es eine Formulierung, daß auch die Bundesregierung ein Verlautbarungsrecht im Hörfunk habe. Das ist meines Erachtens einer der Gründe für die Querelen, die sich dann angeschlossen haben. Man beachtete einfach nicht, daß es eine Bundesregierung gab. Zum Teil ist das so zu erklären, daß sie erst später als die Länderregierungen gebildet werden konnte. Ich kann sagen, daß wir bei der Vorformulierung eines Staatsvertrages für den Südwestfunk die erwähnte Formulierung mit Bedacht hineingebracht haben. Wir konnten uns nicht vorstellen, daß man einer Bundesregierung etwas entziehen sollte, was man selbstverständlich jeder Landesregierung im einzelnen zubilligte. Von jenem Verlautbarungsrecht hat Dr. Adenauer im Südwestfunk und später auch im ZDF niemals Gebrauch gemacht. Ich habe nur einmal die Erfahrung gemacht, daß dieses Recht in Anspruch genommen wurde. Während der Regierungszeit von Bundeskanzler Schmidt wollte einer der Bundesminister dieses Verlautbarungsrecht dem ZDF gegenüber in Anspruch nehmen, um irgend etwas — ich weiß nicht mehr, um welchen Gegenstand es sich handelte — über das ZDF zu verbreiten. Wir haben dabei unserer Gewohnheit entsprechend aber nicht auf das

Verlautbarungsrecht abgestellt, sondern entschieden: Wir sind sowieso bereit, ein wichtiges Thema in unseren normalen Nachrichten und den Kommentierungen anzusprechen. Dies war bei uns immer Praxis. Dieser Aspekt ist aber interessant, weil man oft meint — das kam auch in einer Frage von Herrn Dr. Küsters zum Ausdruck —, daß der Bundeskanzler später, nachdem das ZDF gegründet worden und die Deutschland-Fernsehen GmbH gescheitert war, seinen Einfluß doch auf diese Weise hat geltend machen wollen oder können. Ich kann das glatt verneinen. Das ist in keiner Weise geschehen.

Nun aber zu der Entwicklung, die bis zur Einrichtung eines neuen zweiten deutschen Fernsehens auf öffentlich-rechtlicher Grundlage vonstatten ging. Die Länder befanden sich in einem gewissen Widerstreit mit dem Bund. Als im Jahre 1952 ein Gesetzentwurf der Bundesregierung vorbereitet wurde — daran hat, wie ich glaube, auch Herr Dr. Lenz schon maßgeblich mitgearbeitet, obwohl die Vorlage im Bundesinnenministerium unter Lüders[230] erarbeitet worden ist —, wurden wir drei — Herr Dr. Magnus, Herr Dr. Wagenführ[231] und ich — herangezogen, um diesen Schubladenentwurf eines künftigen Bundes-Rundfunkgesetzes zu prüfen. Wir haben dabei entgegen den Erwartungen, die mit diesem Entwurf verbunden waren, dafür votiert, daß sich die Gesetzgebung des Bundes lediglich auf jene Formen beschränken sollte, die etwas mit den auswärtigen Angelegenheiten zu tun haben. Dementsprechend ist später auch verfahren worden, indem der Deutschlandfunk und die Deutsche Welle — die Kurzwelle — durch Bundesgesetz installiert wurden[232], und zwar mit Bezug auf den Artikel des Grundgesetzes, in dem von den auswärtigen Beziehungen die Rede ist.[233]

Im übrigen haben wir aber, was das Fernsehen angeht, dem Entwurf gegenüber insoweit eigentlich ein Entgegenkommen gezeigt, als wir zwar nicht die Zuständigkeit der Länder für die Legislative bestritten haben, aber von vornherein wünschten, daß das Fernsehen, welches erst über den Nordwestdeutschen Rundfunk Weihnachten 1952 zum erstenmal ausstrahlte, *zentral* organisiert werden sollte, und zwar aus finanziellen Gründen und auch aus Gründen der Verbreitung im internationalen Sinne. Wir schlugen sogar — das war gewissermaßen eine Vorahnung, die sich später beim Zweiten Deutschen Fernsehen erfüllte — als Sitz für das Fernsehen den Rhein-Main-Raum vor.

Der erwähnte Gesetzentwurf, der damals von allen Koalitionsfraktionen im Bundestag eingebracht und in erster Lesung beraten wurde, scheiterte dann daran, daß die Legislaturperiode zu Ende ging. Der Gesetzentwurf

hätte somit in der nächsten Legislaturperiode erneut eingebracht werden müssen, was dann aber nicht mehr geschah.
Die Bemühungen um einen Einfluß des Bundes auf das Rundfunkgeschehen bzw. eine Beteiligung daran liefen jedoch weiter. Dazu können hier in der Diskussion andere sicher kompetentere Beiträge leisten als ich, etwa Herr Dr. Mai, an den mich Bundeskanzler Adenauer seinerzeit einmal verwies, als ich ihm selbst schon Anfang der fünfziger Jahre einen Vorschlag gemacht habe. Sie wissen, daß über die Möglichkeiten einer Beteiligung des Bundes in den Rundfunkanstalten und unter den Ländern diskutiert wurde, die ja alle ihre „eigenen" Rundfunkanstalten besaßen. Ich glaube aus eigener Erfahrung sagen zu können — ich bin zehn Jahre lang Vorsitzender des Rundfunkrates des Südwestfunks gewesen —, daß der Einfluß mindestens einiger Intendanten auf ihre Ministerpräsidenten dahin ging: „Wir brauchen gar keine andere Institution als die, die wir schon haben. Wenn sich neue Wellen, die ja Voraussetzung für die Schaffung einer neuen Institution — auch einer neuen Fernsehinstitution — sind, ergeben, können wir das selber im eigenen Hause bewältigen." — Das war meines Erachtens auch eine Triebkraft in der Auseinandersetzung zwischen den Ländern — auch den CDU-geführten Ländern — einerseits und dem Bundeskanzler auf der anderen Seite. Dies führte dann schließlich zu dem später durch das Bundesverfassungsgericht verworfenen Beschluß, die Deutschland-Fernsehen GmbH zu gründen. Das Konzept für die Gründung sah vor, daß der Finanzminister — die Gesellschaftsanteile sollten auf den Bundeskanzler und auf den Finanzminister verteilt werden — die Anteile für die Länder halten sollte. Das Deutschland-Fernsehen sollte eine privatwirtschaftliche, durchaus *nicht* eine kommerziell geführte Institution sein, wie sie uns etwa aus Amerika bekannt ist. Vorgesehen war, auch den Beitritt der Länder zu dieser Institution zu ermöglichen. Dies wurde abgelehnt und eine entsprechende Verfassungsklage in Karlsruhe eingelegt.
Es kam im Kanzleramt 1960 zur ersten Zusammenkunft, die eine Konstituierung einer Deutschland-Fernsehen GmbH vorsah. Ich war daran auch beteiligt, weil ich Leiter der Deutschland-Fernsehen GmbH werden sollte. Es kam aber nicht zur Wahl eines Intendanten, weil der Prozeß schon anhängig war. Es wurden lediglich ein Aufsichtsrat und ein Beirat, dem auch ich angehörte und der die schon angelaufenen oder angebotenen Produktionen insbesondere der Freies Fernsehen Gesellschaft in Frankfurt bzw. Eschborn prüfen sollte, gebildet. Man hatte natürlich gewisse Besorgnisse — Herr Krueger wird das sicher bestätigen —, ob die Entscheidung aus Karlsruhe das Ganze nicht doch eventuell vereiteln wür-

de. Man war vorsichtiger geworden, bereitete aber eine entsprechende Produktion schon weiter vor, in die natürlich auch Geldmittel hineingesteckt wurden, die dann später dem Zweiten Deutschen Fernsehen als technische und Produktions-Hilfe zugute kamen.

Als dann schließlich am 28. Februar 1961 der Spruch des Bundesverfassungsgerichtes vorlag, geschah das Unwahrscheinliche, daß die Ministerpräsidenten wirklich innerhalb von drei Monaten einen Staatsvertrag zustande brachten. Wenn Sie die jetzigen Auseinandersetzungen über einen Staatsvertrag betreffend die neuen Medien — es gab bereits 16 Sitzungen — betrachten, wird Ihnen der Unterschied sofort deutlich. Ich habe mit Blick auf die heutige Situation einmal gesagt: Es fehlt der Druck aus Bonn. Der Druck aus Bonn hat seinerzeit bewirkt, daß in drei Monaten — in der Zeit vom 28. Februar bis zum 6. Juni 1961 — ein meines Erachtens sehr guter Staatsvertrag entstanden ist und damit für das Zweite Deutsche Fernsehen eine gesetzliche Grundlage vorhanden war.

Nach meiner Wahl im Jahre 1962 — ich darf dies als Anekdote einfügen — habe ich dann natürlich alle Ministerpräsidenten und insbesondere auch den Bundeskanzler besucht und mich in meiner neuen Eigenschaft vorgestellt. Der Bundeskanzler sprach mit keinem Wort von dem Verfassungsgerichtsurteil. Ich mußte selbst die Sprache darauf bringen. Er sagte dann zunächst, es sei im Grundgesetz manches halt anders formuliert oder nicht formuliert worden. Besser sei es bei der damaligen Lage unter den Besatzungsmächten leider nicht möglich gewesen.

Ich sagte Adenauer dann, ich sei fest davon überzeugt — ich bin auch heute nach wie vor dieser Auffassung —, wenn er nicht diesen Schritt, der dann vom Verfassungsgericht als nicht mit dem Grundgesetz vereinbar erklärt worden ist, getan hätte, säße ich nicht als Intendant des ZDF vor ihm. Dann gäbe es kein Zweites Deutsches Fernsehen. Die Länder hätten dann keine eigene neue Institution gegründet, sondern das Neue sozusagen ohne Wettbewerb einfach in den allgemeinen „ARD-Topf" mit eingerührt. So scharf habe ich es damals zwar nicht ausgedrückt, aber man darf es ironisch sicherlich einmal so darstellen. Adenauers bezeichnende Antwort darauf war: „Dann sind Sie ja mein illegitimes Kind". — Das stimmt in der Tat. Was für illegitim erklärt wurde, kam dann in anderer Form legitim wieder zum Vorschein.

Ich habe schon auf die Frage geantwortet, die hier ebenfalls gestellt wurde, inwieweit etwa nachher ein entsprechender Einfluß geltend gemacht worden ist. Das ist nicht geschehen. Es blieb bei der klaren, sauberen Trennung, daß in den Organen die Parteien und die Regierungen — auch die Bundesregierung — vertreten sind. Natürlich spielen bei einem politischen

Instrument dann auch entsprechende politische Gesichtspunkte eine Rolle, wobei es meines Erachtens sehr darauf ankommt, daß man eine klare Unterscheidung auch hinsichtlich der Kompetenzen vornimmt und die Verantwortung dort sucht, wo sie auch wirklich installiert ist. Die Verantwortung darf also nicht an die Gremien, die eine Aufsichtsfunktion haben, abgegeben werden. Die Verantwortlichen sind vielmehr die gewählten Intendanten und Direktoren, welche ja auch entlassen werden können. Insofern greift hier durchaus ein Prinzip, das man im Interesse eines ernsthaften Journalismus natürlich entsprechend anwenden muß.

Ich glaube, daß ich damit wenigstens einen Teil zu dem heutigen Thema beigetragen habe. Wie Adenauers konkretes Verhältnis zu den Medien selbst gewesen ist, geht wohl auch daraus hervor, daß er sehr interessiert war, etwas schwarz auf weiß vor sich zu haben, andererseits aber den Einfluß, den eine Ausstrahlung sowohl im Wort wie im Bild haben konnte, durchaus sehr hoch einschätzte. Das war meines Erachtens auch schon in der Zeit der Weimarer Republik der Fall. Ich erinnere mich, daß — dies widerlegt eigentlich das Argument der Geringschätzung der Presse durch Adenauer — in der Weimarer Republik die Namen der rheinischen Oberbürgermeister ganz selbstverständlich auch durch die überregionale Presse gingen. Gemeint waren Adenauer in Köln, Lehr in Düsseldorf, Jarres in Duisburg und Luther in Essen.[234] Von diesen vier rheinischen Oberbürgermeistern, von denen man sprach — und man konnte das nur tun, wenn ihre Namen über Rundfunk und Presse bekanntgeworden waren —, war Adenauer der bekannteste.

In der Zeit, als dann die ersten „Androhungen" des Deutschland-Fernsehens kamen, erschien in der „Welt" eine interessante Karikatur. Dort war Adenauer mit einem „Holzhammer" in der Hand gezeichnet, mit dem er auf die Rundfunkanstalten einschlagen wollte. Es ist nicht dazu gekommen. Zu der zweiten Kette — dafür möchte ich ihm auch heute noch sozusagen meinen persönlichen Dank aussprechen — kam es eben erst deswegen, weil der erste Versuch von ihm mißlungen war. — Herzlichen Dank.

Karl-Günther von Hase:

Vielen Dank, Herr Professor Holzamer, für diese lebendige Darstellung sowohl der legislativen wie der programmlichen Seite sowie für eine gewisse Korrektur des Verhältnisses von Bundeskanzler Adenauer zu Rundfunk und Fernsehen. Ich darf hiermit unsere Diskussion über das Gesamtspektrum aller Referate eröffnen. Als erstem erteile ich Herrn Staatssekretär a. D. von Herwarth das Wort.

Hans Herwarth von Bittenfeld:

Ich möchte an etwas anknüpfen, was Herr Dr. Luchsinger gesagt hat. Er hat davon gesprochen, daß Adenauer die ausländischen Journalisten auch dazu benutzte, um sich ein Bild von dem zu machen, was in der Welt vor sich ging. Ich möchte in diesem Zusammenhang zwei Namen erwähnen, die vielleicht nicht so bekannt sind. Als ersten nenne ich Robert Ingrim[235], der eng mit Wenger — „Rheinischer Merkur" — und mit Ministerialdirektor Josef Rust[236] ebenso wie mit meiner Frau und mir befreundet war. Er hat dadurch — besonders durch Rust — Zugang zu Adenauer gehabt. Adenauer interessierte sich besonders für die Auffassung von Ingrim über die Sowjetunion und die Vereinigten Staaten. Adenauer hat Ingrim späterhin oft gebeten, ihn aufzusuchen.
Der zweite, den ich erwähnen möchte, ist Klaus Dohrn[237], der für „Time" und „Life" sehr oft in Deutschland war, selber nie geschrieben hat, aber wohl immer an Clare Boothe-Luce[238] Berichte gegeben hat.
Als dritten möchte ich den Arzt Wilhelm Starlinger[239] erwähnen. Ich weiß allerdings nicht, ob er journalistisch tätig gewesen ist. Er hat zwei Bücher geschrieben: „Grenzen der Sowjetmacht" und „Hinter Rußland China", die auf Adenauer sehr starken Eindruck gemacht haben. Starlinger war neun Jahre als Arzt in sowjetischer Gefangenschaft. Über Herrn von Eckardt ist noch nicht sehr viel gesagt worden. Herr von Eckardt war mit Herrn Krueger — das haben Sie, Herr Krueger, auch geschildert — ein hervorragender Pressechef. Nach meiner Meinung hatte er einen großen Einfluß auf Adenauer. Er war vielleicht derjenige, dem es am leichtesten fiel, Adenauer Wahrheiten zu sagen, die er nicht gern hörte. Mit Humor und Geistesgegenwart konnte Eckardt ihn überreden, etwas zu tun, an das er nicht gern herangehen wollte.

Karl-Günther von Hase:

Anknüpfend an den ersten Teil der Intervention von Herrn von Herwarth betreffend Gespräche mit Auslandsjournalisten möchte ich Herrn Dr. Luchsinger bitten, uns die Differenzierung zwischen Interview und Gespräch mit Auslandskorrespondenten zu verdeutlichen. Beide Instrumente hat Adenauer ja häufig benutzt.

Fred Luchsinger:

Vielen Dank, daß ich das nachholen kann. Mir ist das Manuskript ein wenig durcheinandergekommen, und eine Passage ist dabei ins Wasser gefallen. Die Vertreter der amerikanischen Schule des Journalismus in Bonn, also diejenigen, die eher auf hot news, auf scoops, also auf Exklusivstories, auf Primärstories aus waren, waren nach meiner Erinnerung von Adenauer eigentlich immer enttäuscht. Er hat nicht das geliefert, was man zitieren konnte. Die Leute, die beim nicht zitierbaren Hintergrundgespräch blieben, haben hingegen sehr viel herausgeholt. Adenauer hat gesprochen, hat sich erklärt, hat seine Motive offengelegt, man hat sie verstanden. Ich will diese beiden Arten von Journalismus nicht gegeneinander montieren. Sie haben beide ihr Recht, und selbstverständlich muß der recherchierende Faktenjournalismus sein. Ich glaube aber, daß ein Auslandskorrespondent in etwas anderer Weise eine kritische Funktion hat als ein Inlandskorrespondent. Einem Inlandskorrespondenten geht es um die Taten seiner eigenen Regierung. Der Auslandskorrespondent muß seinen Lesern helfen, die Welt zu verstehen, und sagen, was in der Welt los ist, vielleicht auch ohne dabei besonders zu werten.
Diejenigen Auslandsjournalisten, die mit Adenauer nicht zitierbare Gespräche geführt haben, haben diese eigentlich immer als ertragreicher empfunden als die anderen, die Gespräche mit dem Ziele führten, eine Story daraus zu machen.
Im übrigen bin ich froh, daß Sie, Herr von Herwarth, Klaus Dohrn nennen. Er war eine für die Bundesrepublik hochinteressante und wichtige Figur, die ganz im Schatten geblieben ist. Er hat ein recht raffiniertes Informationspolygon konstruiert. In Washington hatte Klaus Dohrn — er war deutscher Emigrant — seinen Fuß in der Tür. In den Flüchtlingslagern in Frankreich hatte er alle Sorten von Verfolgten des Nazi-Regimes kennengelernt, darunter auch viele Linke. Außerdem hat er enge Beziehungen zur Kurie gehabt, jedenfalls bis zur Zeit des Konzilpapstes (Johannes XXIII.). Er hat auch enge Beziehungen zu Kreisky und zu der Katholischen Akademie in München gehabt, enge Beziehungen ebenso zur Widerstandsbewegung in Frankreich. Das waren alles katholische Beziehungen. Dohrn hat sozusagen davon gelebt, daß er Adenauer oder Globke erzählen konnte, was man in Washington oder im Vatikan von

den Dingen hält, daß er an den genannten Orten wiederum sagen konnte, was man in Bonn von den Dingen hält. Er war eine sehr vielschichtige Gestalt, aber als Informationsträger und -vermittler bedeutend. Einmal ist eine ostpolitische Initiative Adenauers unter Einschaltung von Globke und Kreisky über Dohrn gelaufen.

Karl-Günther von Hase:

Ich möchte zu dem zweiten Teil der Bemerkungen von Herrn von Herwarth etwas sagen, die sich auf den Einfluß von Felix von Eckardt bezog. Zunächst einmal ist zu sagen, daß Felix von Eckardt bis zum heutigen Tage das Vorbild aller Regierungssprecher — egal, welcher Couleur — ist. Er hat dieses Handwerk zu dem Ansehen und der Bedeutung gebracht, von dem spätere Nachfolger gelebt haben und leben.
Was seinen Einfluß anbelangt, ist folgendes zu sagen. Ich war von 1956 bis 1961 erst stellvertretender Sprecher und dann Sprecher des Auswärtigen Amtes und war insofern an einer Schnittlinie tätig, wo man sich oft mit dem Einfluß Felix von Eckardts — besonders in der Außenpolitik — auf den Bundeskanzler auseinanderzusetzen und diesen mit in Rechnung zu stellen hatte. Ich hatte auf der einen Seite die Ressortinteressen meines Ministers, des Außenministers von Brentano, zu vertreten; auf der anderen Seite war der Erfolg der Gesamtpolitik des Bundeskanzlers natürlich oberstes Gebot. Brentano hat es manchmal nicht leicht gehabt, schon aus technischen Gründen. Ich erinnere an die Außenministerkonferenz 1959 in Genf.[240] Um sich nicht mit der „sogenannten DDR“, wie es damals hieß, auf eine Linie zu stellen, blieb Brentano dem Konferenzsaal fern. Delegationsleiter war Professor Grewe, der unsere heutige Konferenz leider frühzeitig verlassen mußte. Felix von Eckardt war im Konferenzsaal auch dabei und konnte den Verlauf der Konferenz vor der Presse dann darstellen. Das war für beide Herren — sowohl für Brentano wie für Eckardt — oft nicht leicht. Ich meine, daß es in der chevaleresken Veranlagung beider Persönlichkeiten lag, daß es überhaupt so gut gegangen ist und daß es nicht zu einer erheblichen und öffentlichen Auseinandersetzung gekommen ist.

Reinhard Appel:

Hierzu möchte ich als alter Bonner Journalist direkt einen Zwischenruf machen: Ich finde, man kann von Eckardts Profil und seine herausragende Leistung nicht getrennt von Werner Krueger sehen. Von Eckardt war der, wie Sie sagten, chevalereske und großzügige Erzähler; der außenpolitische Sprecher der Bundesregierung war sehr phantasiereich, sehr beliebt, populär. Wenn es um die Berichte über die Kabinettssitzungen ging, wäre er total aufgeschmissen gewesen, wenn er nicht Werner Krueger neben sich gehabt hätte. Werner Krueger hat den Spitznamen Zischelkrueger ertragen müssen, weil er von Eckardt nämlich ins Ohr sagen mußte, was auf den Kabinettssitzungen wirklich beschlossen wurde. Die Berichterstattung über die einzelnen Gesetze wäre nicht korrekt erfolgt, wenn es Werner Krueger nicht gegeben hätte. Weil ich neben ihm sitze, möchte ich das gern loswerden.

Karl-Günther von Hase:

Das hat Herr Krueger jetzt aber nicht gezischelt, Herr Appel.
Herr Dr. Schulze-Vorberg möchte noch eine Anekdote zum besten geben.

Max Schulze-Vorberg:

Der Bundeskanzler hat mich in Rhöndorf nach einer Rundfunkaufnahme einmal gefragt, wie wir Journalisten uns den Erfolg von Felix von Eckardt eigentlich erklären könnten.
Mir fiel eine Geschichte ein, wobei ich mich auf das Erscheinen der Vorgänger von Herrn von Eckardt auf der Bundespressekonferenz bezog. Wenn am Vormittag vor der Bundespressekonferenz eine Note aus Moskau oder Paris ankam, haben sich die Vorgänger von Herrn von Eckardt den ganzen Vormittag an das Telefon gehängt und ihre besten Mitarbeiter herangezogen. Wenn sie in der Pressekonferenz dann nach der Note gefragt wurden, haben sie gesagt, sie könnten bestätigen, daß die Note angekommen sei; im übrigen haben sie uns in der Pressekonferenz aber auf die nächsten Tage vertröstet, da erst gründliche Besprechungen mit dem Kanzler usw. zu führen seien. Der Bundeskanzler fragte daraufhin, wie denn Herr von Eckardt verfahre. Ich sagte: Herr von Eckardt ist an dem betreffenden Tag am Vormittag zufällig nicht in seinem Amt gewesen, sondern war mit einem Freund zum Mittagessen im „Adler“ in Godesberg. Er geht dann in die Bundespressekonferenz und wird nach jener Note gefragt. Werner Krueger sitzt neben ihm und nickt mit dem Kopf, woraus Herr von Eckardt schließt: „Die Note muß wohl dasein.“

Von Eckardt sagt dann mit Bezug auf die Note aus Paris oder aus Moskau: „Meine Damen und Herren, eine solche Note verdient in Bonn immer allergrößte Aufmerksamkeit. Das wissen Sie. Daß sie in diesem Augenblick, wenn dies noch ginge, eine gesteigerte Aufmerksamkeit verdient, brauche ich in diesem Kreise von erfahrenen Journalisten wohl nicht zu erzählen. Die Note wird im Auswärtigen Amt geprüft. Das wird allerschnellstens geschehen. Die endgültige Entscheidung hat sich aber der Herr Bundeskanzler persönlich vorbehalten. Der Auswärtige Ausschuß des Deutschen Bundestages wird sich auf seiner nächsten Sitzung mit dieser wichtigen Note befassen. Ob es auch der Auswärtige Ausschuß des Bundesrates tun wird, wage ich im Augenblick nicht zu sagen. Wenn Sie mich fragen: Sehr wahrscheinlich wird auch er sich damit befassen." — So läßt sich das noch fünf Minuten fortsetzen. Ich will Sie damit nicht aufhalten.

Reinhard Appel:

Das war eine Kunst!

Max Schulze-Vorberg:

Es ist eine Kunst, sehr viel zu sagen, Schlagzeilen zu liefern und bei vielen Journalisten den Eindruck zu vermitteln: „Du wirst bestens informiert!" — und all dies, ohne zuviel ausgeplaudert zu haben.

Karl-Günther von Hase:

Ich bitte diejenigen, die Diskussionsbeiträge leisten, sich möglichst an eine Redezeit von drei Minuten zu halten. Als nächster hat Herr Schumacher-Hellmold das Wort.

Otto Schumacher-Hellmold:

Als Journalist sah ich Dr. Adenauer am 1. September 1948 zu Beginn der Arbeit des Parlamentarischen Rates wieder. Kennengelernt hatte ich ihn am 4. Mai 1945 in seinem Heim in Rhöndorf.[241] Damals war ich gemeinsam mit Dr. Köchling[242] und Dr. Dresbach, der eben schon einmal genannt wurde, bei ihm gewesen. Wir wollten ihn — wir waren alle drei Mitglieder der Deutschen Demokratischen Bewegung, der DDB — als Mitarbeiter, Mitstreiter und Mitglied für die Deutsche Demokratische Bewegung gewinnen. Auf diese politischen Gespräche will ich hier nicht weiter eingehen. Sie spielten allerdings für mein Verhältnis zu Adenauer in der Zukunft von 1948 an eine wichtige Rolle, als ich insbesondere als Vertrauensmann zwischen FDP und CDU wirkte, das heißt für Dr. Thomas Dehler, Dr. Reinhold Maier und auch Dr. Erich Mende.

1948 konnte ich mir — ich war kommunalpolitisch tätig — ein eigenes Büro in der Pädagogischen Akademie, das NWDR-Studio, einrichten. Dorthin kam Adenauer normalerweise jede Woche oder alle 14 Tage, insbesondere zu einer halbstündigen Sendung. Diese Sendung, betitelt „Aus der Arbeit des Parlamentarischen Rates", wurde Mittwoch abends gesendet. Alle meine Bitten, alle meine Wünsche in Bezug auf sein Erscheinen, auf Statements, auf Interviews hat er in dieser Zeit stets erfüllt.

Ein weiterer Hinweis: Adenauers Interesse an den Journalisten war sehr groß. Im übrigen wissen dies die Kollegen, die hier sind — ob das nun Hange, Henkels oder Schulze-Vorberg ist —: Jeder hatte jederzeit die Möglichkeit, mit Adenauer auf den Gängen oder im kleinen Restaurant zu sprechen oder ihm Fragen zu stellen. Er war immer bereit, Auskünfte zu erteilen.

Als der Parlamentarische Rat zu Ende ging und die Vorbereitungen für die Bildung der Bundesregierung getroffen wurden, wurde ein „Büro Bundeshauptstadt" gebildet, dem ich als Mitglied angehörte. Ich hatte den Auftrag, meinen in- und ausländischen Kollegen Wohnungen und Büroräume zu verschaffen. Häufig erschien Adenauer bei mir und erkundigte sich, wer welche Wünsche geäußert hatte. Er wollte wissen, ob diese Wünsche auch von mir erfüllt werden könnten. Damals war ich als Bürgermeister gleichzeitig Vorsitzender des Wohnungsausschusses und des Liegenschaftsausschusses. Im Ergebnis konnte ich dann zum Beispiel sagen: Drei Wohnungen habe ich für diesen, für jenen und für jenen beschaffen können. Ich erinnere mich auch des Namens eines ausländischen Journalisten von der Londoner „Times". Er hieß Freeman[243] und tauchte immer wieder bei mir auf. Adenauer wollte, daß ich ihm unbedingt und vorrangig eine Wohnung verschaffe. Das war das Wichtigste für ihn.

Adenauer hat sich auch dann, wenn er politische Entscheidungen zu treffen hatte, häufig auf Journalisten berufen. Ich kann aus meiner Zeit folgendes dazu beitragen: Am 2. Dezember 1951 war ich auf dem Parteitag der Deutschen Partei in Kassel.[244] Dort sprachen die Herren Hellwege und Seebohm. Dr. Seebohm hielt eine Rede, die die Deutung zulassen konnte — Max Schulze-Vorberg wird es wissen —, daß er sich vor dem Nazikreuz verneigt hatte. Das brachte Adenauer eine Interpellation der SPD, aber auch einen Protest der französischen Regierung ein. Das war der erste Protest, der bei der Bundesregierung erhoben wurde. Der Parteitag war, wie ich mich zu erinnern glaube, an einem Samstag. Zwei Tage darauf, Montag früh, stand der Bundestag kopf. Kurz darauf erschien Adenauer in meinem Büro. Plötzlich stand er vor meinem Schreibtisch und sagte: „Sie waren auf dem Parteitag in Kassel. Deswegen hätte ich Sie gern gesprochen. Geht das jetzt?" — Es ging. Wir setzten uns hin und er fragte mich, welchen Eindruck ich von der Rede Seebohms gehabt hätte. Mein Eindruck war ganz klar: Seebohm hatte sich vor allen deutschen Soldaten verneigt, gleich unter welchen Emblemen sie gefallen waren. Das war mein Eindruck. Wohl habe ich auf dem Parteitag gesehen, daß die beiden Vertreter von „Le Monde" den Saal verließen. Sie haben dann auch die französische Regierung mobilisiert.

Nun mußte die Große Anfrage der SPD beantwortet werden. Dies erfolgte Mitte Januar 1952. Damals hatte ich Adenauer gesagt: „Niemals kam mir der Gedanke, daß Seebohm sich vor dem Nazikreuz verneige". — Nun hatte Heuss bei mir über Raederscheidt[245] das Tonband der Rede Seebohms angefordert. Wenn man die Passage herausschrieb, konnte man nach all den Kommas usw. — ein einziger Satz war eine Schreibmaschinenseite lang — folgern, daß ein solcher Eindruck möglich war. Zu der Interpellation — es standen 20 Minuten Redezeit für die Begründung und eine Stunde für die Aussprache zur Verfügung — sprach dann Adenauer. Als Adenauer zuvor bei mir war — ich habe mit Seebohm und Adenauer bis zu ihrem Lebensende einen sehr engen, einen sehr freundschaftlichen Kontakt und noch mehr gehabt —, sagte ich zu ihm, ehe überhaupt das eigentliche Gespräch begann: „Ich weiß, Sie würden Seebohm jetzt lieber heute als morgen aus dem Kabinett werfen. Wenn Sie das täten, täten Sie unrecht." — „Warum?" fragte er. Ich habe dies dann wie dargelegt begründet. Seine Ausführungen zu der Interpellation hat Adenauer dann auf das gegründet, was ich geäußert hatte. Zum Schluß sagte er: „Ich sehe daher keine Veranlassung, Herrn Seebohm zu entlassen." — Das ist ein Beispiel von vielen.

Und zum Schluß noch ein Hinweis: Die Gespräche, die ich im Auftrag von Mende oder Dehler mit Adenauer führte, gingen manchmal ins Tagespolitische. Adenauer sagte dann zuweilen plötzlich zwischendurch: „Herr Schumacher-Hellmold, das können Sie ruhig bringen." — Da sprach er mich als Journalisten an.

Rudolf Jestaedt:

Herr Dr. Luchsinger, Sie haben uns über die Sorgen des Bundeskanzlers berichtet. Eine Frage an Sie: Welche Vorstellungen über die Lösung der Deutschlandfrage hat Bundeskanzler Adenauer in seinen Gesprächen mit Ihnen entwickelt?

Fred Luchsinger:

Keine. Ich vermag mich nicht zu erinnern, daß er von Lösungsvorschlägen oder Lösungsmöglichkeiten geredet hat. Er äußerte sich vielmehr immer in diesem Sinne: Wenn das schiefgeht, wenn wir der NATO beitreten und auch bei der europäischen Einigung mitmachen und dann trotzdem die DDR anerkannt wird, gibt es eine nationalistische Welle. Das war seine Befürchtung. Ich glaube jedenfalls, daß er diese Befürchtung hatte. Vielleicht hat er gegenüber amerikanischen Politikern auch nur deshalb in diesem Sinne gesprochen, um sie zu hindern, in der Abhalfterung ihrer Verantwortung für die Deutschlandpolitik zu weit zu gehen.
Ich hätte keinen Anhaltspunkt, um zu behaupten, Adenauer hätte die Wiedervereinigung für realisierbar gehalten. Sie ist ein Fernziel gewesen, das man nicht aus den Augen lassen durfte. Adenauer war aber zu pragmatisch, als daß er über die gegenwärtigen Umstände hinweggesehen hätte. Meine Antwort heißt schlicht: Ich kenne keine Vorstellungen von ihm zur praktischen Lösung der Deutschlandfrage unter den seinerzeit gegebenen Umständen.

Karl-Günther von Hase:

Vielen Dank für diese Frage, Herr Dr. Jestaedt. Ich möchte allgemein anmerken, daß es uns vom Thema zu weit wegführen würde, wenn wir jetzt die Substanz einzelner politischer Aufgaben Bundeskanzler Adenauers — etwa die Einstellung zur Wiedervereinigung, zur Wiederbewaffnung usw. — prüfen würden. Wir sollten uns auf die Aspekte, inwieweit sie mit der Pressepolitik verknüpft waren, beschränken. In dem angesprochenen Fall war diese Verknüpfung gegeben, weil das Thema im Verkehr mit einem Auslandskorrespondenten diskutiert bzw. nicht diskutiert wurde. Diese allgemeine Bemerkung sei im Blick auf weitere Fragen gemacht, die zur Klärung anstehen.

Hans Edgar Jahn:

Bisher haben wir nicht darüber gesprochen, wie das Verhältnis Adenauers zur Pressefreiheit im Allgemeinen war. Wenn Sie die Rede nachlesen, die Adenauer als Präsident des Parlamentarischen Rates vor der Internationalen Union der Parlamentarier im Jahre 1949 in Bern gehalten hat[246], erkennen Sie, daß seine größte Sorge war, daß die Presse durch die Einwirkung der Besatzungsmächte nicht frei sei. Er müsse den europäischen Mächten und der Bevölkerung mitteilen, daß das, was geschrieben werde, nur zum geringen Teil der wahren deutschen Situation entspreche. Er schilderte vor diesen internationalen Parlamentariern dann die deutsche Situation. Diese Grundstimmung habe ich bis in die Jahre 1952/53 bei ihm erlebt. Er sagte: „Ein großer Teil der im Pressebereich tätigen Journalisten, Redakteure und Lizenzträger ist indirekt abhängig. Die Betreffenden wagen nicht, so frei zu schreiben, wie sie es eigentlich tun müßten, weil die Zensoren immer noch hinter ihrem Stuhl stehen."
Richtig freigeschwommen in seinem Verhältnis zur Presse insgesamt in der Bundesrepublik hat Adenauer sich eigentlich erst Ende 1953. Bis dahin gab es immer den Vorbehalt: Kann die Besatzungsmacht, kann der ehemalige Kontrolloffizier noch Möglichkeiten haben, einen inneren Druck auszuüben? Er hat es in Bern so formuliert: „Wer will denn, da die Lizenzen indirekt und direkt wirken, nach dem, was wir erlebt haben, seine materielle Existenz auf's Spiel setzen?"
Wenn Sie diese Rede einmal nachlesen, erkennen Sie, daß dies für ihn eine ganz beklemmende Sorge gewesen ist.

Klaus Skibowski:

Noch ein Hinweis zu den Korrespondenten: Ich würde als Auslandskorrespondenten noch Kurt Lachmann[247] — „US News and World Report" — nennen, zu dem Adenauer, was in Bonn nicht sehr bekannt war, ein sehr persönliches Verhältnis hatte.
Nun ein paar Hinweise für die Forschung. Das Bundeskanzleramt unter Adenauer war die erste Regierungszentrale in Europa, die ein eigenes Rundfunkstudio hatte, wenn es auch ein Behelfsstudio war. Guhr[248], der dar-

an mitgearbeitet hat, wäre dabei zu nennen. Hinzu kommen drei Gebiete, die noch gar nicht beleuchtet wurden: Als erstes Adenauer und die Presseorgane der Partei. Der Einfluß Konrad Adenauers darauf war zweifellos gering — bestenfalls wurde er über Tillmanns ausgeübt —, aber er hat sich täglich über die eigenen Publikationen geärgert.
Als zweites Gebiet: Adenauer und die Presse im Wahlkampf. Wahlkampfreden Konrad Adenauers bestanden zum großen Teil aus Pressezitaten, die er dann widerlegte oder an denen er mit seinen eigenen Überlegungen anknüpfte. Es gab zum Beispiel einen Wahlkampf, den er nur unter dem Stichwort „Le Monde" führte. Das war, wie ich glaube, der Wahlkampf von 1957. Damals knüpfte er häufig auch an obskure Meldungen an. Wir sind selten auf den Grund gekommen, woher er die Meldung, zum Beispiel die Übersetzung eines Kommentares hatte. Er sagte: „So wie jene wollen wir ja nicht urteilen." — Im Anschluß daran stellte er dann seine Politik dar.
Im Zusammenhang mit dem, was wir heute nachmittag gehört haben, dürfen wir schließlich unter gar keinen Umständen die Wochenschau vergessen. Die Wochenschauen spielten bis 1954/55, ja bis 1957 eine ganz andere publizistische Rolle, als sie es heute tun. Wochenschauen waren ein heißes Medium , weil sie in einem geschlossenen Raum präsentiert wurden und eine Massenwirkung ausübten im Gegensatz zum Fernsehen als „kaltes Medium". Adenauer hat die Wochenschauen voll ausgenutzt, was zum Teil auch damit zusammenhing, daß er zum Kameramann Luppa[249] ein enges Verhältnis hatte. Das Geschenk der Deutschen Wochenschau zum 80. Geburtstag Adenauers bestand zum Beispiel aus einem besonders zusammengeschnittenen Film, in dem auf jede Frage oder Feststellung von Freunden oder politischen Gegnern — auch eine Rede von ihm selbst war eingearbeitet — Adenauer antwortete: „Kein Wort von wahr". Original hat er das einmal in Köln in einer Rede gesagt. Er hat sich über dieses Geschenk sehr gefreut. Adenauer hatte im übrigen nur eine einzige Bedingung für die Arbeit der Wochenschauen. Er wünschte, daß Luppa ihm am Geburtstagsmorgen die Geburtstagstorte nicht jedesmal durch seine „verdammten" Scheinwerfer zusammenfallen ließ. Das Ergebnis: Die Deutsche Wochenschau hat dann eine zweite Torte backen lassen.

Karl-Günther von Hase:

Eine kurze Gegenfrage: Wieso ist das Fernsehen ein kaltes Medium? Können Sie das noch einmal erklären?

Klaus Skibowski:

Ich beziehe mich dabei auf die Untersuchungen von McLuhan.[250] Außerdem beziehe ich mich auf August 1961, als wir dies in Deutschland auch festgestellt haben. Rundfunk kann aufheizen, Fernsehen kann nicht aufheizen. Das ist heute in den publizistischen Wissenschaften absolut bekannt.

Karl-Günther von Hase:

Intendanten gehen aber manchmal nicht so weit. — Es ist gut zu wissen, daß Fernsehen nicht aufheizen kann. Damit können wir uns oft verteidigen.

Werner Krueger:

Eine Ergänzung zum Thema „Wochenschauen": Ich erinnere mich an folgenden Vorgang. Im Wahlkampf 1953 machte ich Dr. Adenauer den Vorschlag, er möge nach Köln zum Fernsehen fahren. Er fragte mich daraufhin in jenem Sommer des Jahres 1953: „Köln? Fernsehen? Gibt es denn in Köln ein Fernsehen?" — Ich sagte: „Ja. — Wir haben heute morgen die Zahlen gehört: 1500 Zuschauer." Weihnachten 1952 war die erste Sendung ausgestrahlt worden. Es gab zu jener Zeit 1500 angemeldete Geräte. Adenauer meinte: „Wieso kann man dorthin fahren? Das lohnt doch nicht." — Ich sagte daraufhin: „Herr Bundeskanzler, der Sinn ist ein anderer. Wir wollen in Bonn die Presse, insbesondere aber die Wochenschauen" — es gab eine amerikanische, eine englische, eine französische und die Deutsche Wochenschau — „und den Rundfunk darauf aufmerksam machen, daß der deutsche Bundeskanzler bereits jetzt großes Interesse für das Fernsehen zeigt." — Ich weiß mich noch genau zu erinnern, daß Adenauer — es war an einem Wochenende — dann sagte: „Das will ich mir über das Wochenende überlegen." — Als ich ihn am Montag sodann fragte, ob er bereit sei, nach Köln zu fahren, sagte er: „Ja, das scheint mir eine ganz wichtige Sache zu sein." — Wir sind daraufhin nach Köln gefahren. Das erste Studio des Fernsehens in Köln war damals in der Musikschule. Und siehe da, Menschen gab es dort nicht, aber es gab Trauben von Wochenschauberichtern, Bildreportern und Rundfunkjournalisten. Es hat ein für damalige Verhältnisse ungewöhnliches Echo in allen

Wochenschauen, im Rundfunk und bei den Bildreportern gehabt, daß der deutsche Bundeskanzler schon jetzt sein Interesse für das Fernsehen zeigte. Insofern ist das auch ein Indiz für die Wertschätzung der Wochenschau.
Ich möchte gleich noch eine Bemerkung anknüpfen, von der ich auch meine, daß sie der Forschung bis zu einem gewissen Grade dienlich sein könnte. Ich beziehe mich auf die berühmten Wahlreisen, insbesondere auf die Wahlreisen mit dem Sonderzug in den fünfziger Jahren. Adenauer widmete diesen Reisen große Aufmerksamkeit. Wochenlang vorher mußte ich ihm die Listen derjenigen vorlegen, die eingeladen werden sollten. Er ging die Listen durch und fragte, warum dieser und jener eingeladen werden sollte, ein anderer und auch die Wochenschau aber nicht usw. Er hatte daran größtes Interesse. Wer einmal diese Reisen mitgemacht hat — einige von uns hier haben es ja getan —, weiß, daß wir, selbst wenn Adenauer morgens um 9.00 oder 9.30 Uhr draußen auf dem Lande irgendwo seine erste Ansprache hielt, vorher, beim Frühstück oder vor dem Frühstück, schon eine halbe Stunde oder eine Dreiviertelstunde ein Pressegespräch durchgeführt hatten. Adenauer hat in den fünfziger Jahren häufiger sechs, acht oder zehn solcher Kurzkundgebungen an einem Tag absolviert. Er hat aber dann auch abends immer noch Zeit für Pressegespräche gehabt. Seine Aussage war jeweils: Es darf kein Tag vergehen, an dem die Journalisten mich nicht gesprochen haben. — Auch wenn er noch so müde und zwölf Stunden unterwegs gewesen war, er war abends bereit, mit den Journalisten noch ein Glas Wein oder ein Glas Sekt zu trinken, oft bis nach Mitternacht. Auch das ist ein Hinweis darauf und ein Zeichen dafür, wie sorgfältig er sich selbst trotz aller Belastungen um diese von außen gesehen Kleinigkeiten, für ihn aber enorm wichtigen Dinge gekümmert hat.

Franz Mai:

Ich möchte das Referat von Herrn Holzamer etwas ergänzen. Das erste Bundes-Rundfunkgesetz[251] ist von drei Autoren erarbeitet worden, von Herrn Lüders, dem Referenten für Film und Rundfunk im Innenministerium, Herrn Dr. Schuster[252], dem Justitiar des Postministeriums, und von mir; ich war im Bundeskanzleramt tätig. Wir waren alle drei Juristen und haben ganz genau sowohl das Grundgesetz wie auch das oft vergessene Fernmeldeanlagengesetz von 1928 studiert. Wir waren zu der festen Überzeugung gekommen, daß ein Rundfunk im Sinne eines Bundesrundfunks nicht möglich sei — bis auf das Gebiet der Außenpolitik. Diese Erkenntnis haben wir mit Herrn Lenz diskutiert. Herr Lenz ist dann mit mir nach Hamburg gefahren, wo wir mit Grimme ein erstes Gespräch hatten. Dies war eigentlich der Auslöser dafür, um dann mit Arnold sehr intensiv über die Teilung des Nordwestdeutschen Rundfunks zu sprechen.[253] Herr Hartmann[254] wurde erster Intendant des Westdeutschen Rundfunks. Herr Lenz hat sodann hart um die Langwelle gekämpft, und zwar mit dem Argument, daß die Langwelle über die Grenzen der Bundesrepublik hinausreiche und insofern für die Repräsentanz der Außenpolitik und der Politik der Bundesrepublik als ganzer im Ausland besonders geeignet sei. Nach langen Verhandlungen kam es dann zu Langwellenprogrammen. Später entstanden die Deutsche Welle und der Deutschlandfunk. Ich wollte dies nur zur historischen Klarstellung des Sachverhalts vortragen.

Karl Wand:

Zu der Frage, was Adenauer von der Presse persönlich hielt, möchte ich zwei Zitate anführen. Ich war damals ein Jahr bei ihm im Palais Schaumburg. Er sagte einmal zu mir: „Wand, eines merken Sie sich beim Umgang mit der Presse. Sie ist wichtiger, als sie es selbst weiß." — Damit wollte er wohl andeuten, daß man sie benutzen oder anwenden kann, ohne daß sie selbst sich dessen bewußt wird.
Auf einer Pressekonferenz — ich glaube, es war im Ausland — stellte ein Journalist die Frage nach seinem Gesundheitszustand. Während des Fragens verließ ihn plötzlich der Mut, und er fing an zu stottern. Adenauer verstand ihn aber und sagte: „Reden Sie ruhig weiter. Ein Journalist sollte nie Mitleid mit einem Politiker haben."

Karl-Günther von Hase:

Heute vormittag ist einmal der Satz gefallen: Es bleibt nur das Angenehme in Erinnerung. Um zu vermeiden, daß wir nur über Angenehmes sprechen, möchte ich ausdrücklich dazu auffordern, aus dem Gedächtnis auch das eine oder andere Kritische an das Licht zu bringen.

Reinhard Appel:

Herr von Hase, ich hatte schon vor Ihrer eben gegebenen Anregung die Absicht, mich in dem von Ihnen soeben erwähnten Sinne zu äußern. Ich beziehe mich auf die Ausführungen von Herrn Küsters und die Reaktion von Herrn Professor Holzamer darauf. Herr Küsters sagte in seinem Referat, er interessiere sich dafür, welchen Einfluß Adenauer nach der Begründung des Fernsehens genommen habe. Herr Professor Holzamer sagte dazu, er könne versichern, es habe keinen Einfluß gegeben. Ich meine, man sollte die Frage im Interessse der Forschung etwas weiter fassen, als sie hier formal beantwortet worden ist. Herr Professor Holzamer, Einfluß bedeutet im Fernsehen ja auch Personalpolitik. Ich habe den Eindruck, daß auch in CDU-Gremien — hier darf man Adenauer nicht nur als Bundeskanzler, sondern muß ihn auch als CDU-Vorsitzenden sehen — durchaus Weichenstellungen für personalpolitische Entscheidungen vorgenommen worden sind. Ich meine, daß dort auch Nominierungen erörtert worden sind. Insofern müßte man für die Forschung doch darauf hinweisen, daß es natürlich einen weitergehenden Einfluß gegeben hat.

Klaus Skibowksi:

Adenauer war mit den Rundfunkräten, die der CDU angehörten, häufig nicht einverstanden. Er hat mehrfach versucht, sie auf Parteibasis zusammenzuholen. Das ist nie geglückt. Ich erinnere mich, daß er auf dem Parteitag in Dortmund (1962), auf dem Dufhues gegen seinen Willen zum Generalsekretär gewählt worden war, in einer öffentlichen Rede — allerdings in relativ kleinem Kreis der Partei — erklärt hat, die Hauptaufgabe des neuen Generalsekretärs sei es, die CDU-Rundfunkräte endlich auf Vordermann zu bringen und durchzusetzen, daß in den Rundfunkräten auch einmal ein paar CDU-Leute „Posten und Aufgaben“ bekämen und die Rundfunksender in seinem Sinne objektiver arbeiteten.[255] Er hat also bis zur Ernennung von Dufhues den Eindruck gehabt, daß die CDU-Leute in den Rundfunkgremien nicht genügend im Sinne der Partei oder in seinem Sinne täten.

Karl Holzamer:

Es ist richtig, daß man die Frage, die gestellt worden ist, natürlich auch im erweiterten Sinne stellen kann und muß. Ich habe sie formal zunächst einmal unter dem Aspekt der unmittelbaren Einflußnahme oder des Versuches, durch ein Gespräch dies oder jenes zu befördern, beantwortet. Die im erweiterten Sinne gestellte Frage ist im Grunde natürlich an *alle* unsere demokratischen Parteien zu richten. Da nun in den verschiedenen Gesetzen sowohl über die Landesrundfunkanstalten als auch insbesondere über das ZDF die Parteien ebenso wie die Regierungen vertreten sind, ist es nach meinem Dafürhalten durchaus natürlich, daß sich auch die Parteien ihrer eigenen Verantwortung bewußt sind und entsprechende Versuche unternahmen. Ich kann aus meiner eigenen Erfahrung sagen, daß dieser Einfluß, wenn er offen zutage tritt — wenn also zum Beispiel direkt geäußert wird, man meine, diese oder jene Person käme für einen leitenden Posten nicht in Frage, wenn man Bedenken gegen jemanden hat oder jemand anderen für einen Posten vorschlägt —, weniger kritisch ist als die subkutanen Einflüsse. Einzelne Redakteure versichern sich hin und wieder zu ihrer Stützung der Parteienvertreter, um auf diese Weise eine Sprosse nach oben zu kommen. Dessen müssen sich die Verantwortlichen — Intendanten, Chefredakteure und Programmdirektoren — natürlich erwehren. Sie müssen solche Vorstellungen von vornherein abkippen. Auch wenn im öffentlich-rechtlichen Rundfunk oder Fernsehen bei den leitenden Figuren, wie es auch beim ZDF der Fall ist, eine gewisse Ausgewogenheit in politischer Hinsicht herrscht, so muß bei den betreffenden Inhabern der Posten trotzdem die Unabhängigkeit auch gegenüber den Personen, die sie in Vorschlag gebracht oder gewählt haben, gegeben sein. Man muß im Blick darauf, daß man in der eigenen Verantwortung eventuell beschränkt werden soll, zum Ausdruck bringen, daß auch die Möglichkeit der Abwahl besteht.

Wichtig erscheint mir, daß nach den Gesetzen — ich halte dies in den Gesetzen über die Bundesanstalten und auch beim ZDF für verwirklicht — keine Majorisierung in den Aufsichtsgremien — weder durch die staatlichen Organe noch durch die Parteien — erfolgen darf. Es muß ein Übergewicht der sogenannten freien Kräfte geben, die natürlich zum Teil auch wieder politisch gebunden sind. Weiterhin müssen die Kompetenzen eingehalten werden. Gerade beim Rundfunk muß der Intendant die Verantwortung für das Programm, wie es in allen Gesetzen auch vorgesehen ist, behalten. Von dieser Verantwortung darf sich der Intendant gewissermaßen nichts abzwacken lassen, weder von unten her noch von den Aufsichtsorganen. Das ist das Entscheidende. Ich möchte hierzu ein Beispiel nennen und mich dabei auf einen Fall beziehen, in dem ich mit Erfolg auf das Verständnis unserer Organe habe rechnen können. Wir hatten seinerzeit nach sehr sorgfältigen Prüfungen eine große Dokumentation über den sogenannten „Fall Lebach“ vorbereitet.[256] Ich hatte sie mir mit dem zuständigen Verantwortlichen auch bereits angesehen. Es entstand dann in der Öffentlichkeit ein Wirbel wegen der Resozialisierung der Hauptangeklagten, deren Zeit im Gefängnis bald ablief. Es ging darum, daß die Verbreitung der Dokumentation ein Behinderungsgrund sein könnte, daß die Betreffenden wieder resozialisiert würden. Die Verantwortlichen im Hause und ich sahen dies nicht so. Dem Fernsehrat habe ich angeboten, sich die Dokumentation einmal anzusehen und mir eventuell einen Rat zu geben. Die Entscheidung darüber, ob diese Dokumentation gesendet werden sollte oder nicht, habe ich aber nicht in die Hand des Fernsehrates gelegt. In jenem Fall habe ich die interessante Erfahrung gemacht: Man wollte sich die Dokumentation klugerweise nicht ansehen und hat die Verantwortung für die Entscheidung dem Intendanten überlassen.

Die Angelegenheit ging dann bis zum Bundesverfassungsgericht. Es tagte mit dem zuständigen Senat bei uns, hat sich das Stück angesehen und hat es dann allerdings für nicht sendefähig erklärt. Damit ging zwar eine Million verloren, aber es war ordnungsgemäß entschieden. Gegen diese Entscheidung konnte man nichts machen, auch wenn wir es aus unserer Verantwortung völlig anders sahen als der entscheidende Senat.

Ich will noch einen etwas mißlichen Sachverhalt ansprechen, der im Zusammenhang mit Adenauers Wirken auch mit einem gewissen Recht angesprochen worden ist. Bei den öffentlich-rechtlichen Institutionen besteht natürlich die Gefahr, daß eine gewisse Verbeamtung eintritt. Für die Spitzen im öffentlich-rechtlichen Bereich gilt das Prinzip von Wahl und Nichtwiederwahl. Dieses Prinzip müßte meines Erachtens ausgeweitet werden, mindestens auf die Ebene der Hauptredaktionsleiter. Dann würde meines Erachtens eine freiere und verantwortlichere Form gefunden werden als dann, wenn sich das Gefühl breitmacht: Wir sind im öffentlich-rechtlichen Bereich praktisch nie kündbar, es sei denn, man hat die berühmten silbernen Löffel gestohlen. — Eine Maßnahme in dem erwähnten Sinne wäre der Freiheit des Rundfunks und des Fernsehens meines Erachtens dienlich; das ZDF hat bei Verträgen mit Leitenden damit begonnen.

Ich bin in meinem Beitrag eben weit über den Gegenstand hinausgegangen, der eigentlich erfragt wurde.

Karl-Günther von Hase:

Herr Krueger, hier war eben von einer verlorenen Million die Rede. Vielleicht können Sie uns noch etwas über die Millionen sagen, mit denen Sie hantiert haben, bevor das Zweite Deutsche Fernsehen entstanden ist.

Werner Krueger:

Ich beginne 1960/61: Die Deutschland-Fernsehen GmbH hatte zwei Geschäftsführer. Der eine Geschäftsführer war Staatssekretär Dr. Mercker[257] aus dem Kanzleramt, der zweite Geschäftsführer war ich. Staatssekretär Dr. Mercker aus dem Kanzleramt oblagen alle Vertrags- und Rechtsangelegenheiten. Ich als zweiter Geschäftsführer sollte für die Vorbereitung der Technik und des Programms zuständig sein. Nachdem diese Aufteilung vorgenommen worden war, ging ich zum Kanzler und sagte zu ihm — damit spreche ich einige Schwierigkeiten an, Herr von Hase, wie Sie es eben anregten —: „Herr Bundeskanzler, dafür brauchen wir Geld, und zwar viel Geld." — Seine Antwort war: „Lassen Sie mich damit in Ruhe. Ich will mit Geldangelegenheiten nichts zu tun haben. Dafür ist bekanntlich der Finanzminister zuständig. Dem habe ich schon in der Kabinettssitzung gesagt, daß Sie Geld brauchen." —
Es begannen dann die Verhandlungen mit dem Finanzminister, die sehr schwierig waren. Im Grunde genommen wollte dort niemand an die Angelegenheit heran, weil niemand die Verantwortung für dieses Geld tragen wollte. Es ging um Investitionen für Fernsehgerät und für einen Programmvorrat. Die Gesellschaft sollte ja anfangen zu senden und mußte über eigene Technik, eigenes Personal und wenigstens ein Minimum an Programmvorrat verfügen. Es ist uns im Laufe der Zeit dann gelungen, vom Finanzminister ca. 100 Millionen DM zur Verfügung gestellt zu bekommen. Diese 100 Millionen DM haben wir relativ schnell verbraucht, und zwar indem wir Aufnahmegeräte und Technik — Übertragungswagen — gekauft haben, indem wir das erste Personal eingestellt haben und indem wir Programmproduktionen a) im Ausland gekauft und synchronisiert und b) selbst in Auftrag gegeben haben — durch das Engagement von zwei Regisseuren damals.
Dann ging die ganze Sache aber in die Brüche. Plötzlich stand die Deutschland-Fernsehen GmbH mit der Unterabteilung — die Freies Fernsehen Gesellschaft (FFG)[258] war gegründet worden —, mit Personal, mit Programm, mit Übertragungswagen, mit Technik und mit über 100 Mil-

lionen DM Schulden da. Der Bundestag griff dies — das war natürlich naheliegend — auf Initiative der Opposition auf. Er verlangte, daß der Bundesrechnungshof eine sorgfältige Überprüfung aller dieser Ausgaben vornahm. Der Bundesrechnungshof hat dann — in diesem Zusammenhang kann ich nur ein Kompliment an die Herren, die damals tätig waren, machen, die im Grunde wenig von der Sache verstanden — Sachverständige hinzugezogen und hat, wenn ich mich recht entsinne, innerhalb von sechs Wochen ein Gutachten erstellt. Dieses Gutachten endete mit der Feststellung: Rund 100 Millionen DM — es waren etwas mehr, vielleicht 103 oder 104 Millionen DM, ich weiß es nicht mehr — sind sachgerecht und sachgemäß verwendet und verausgabt worden. Die übrigen sechs oder acht Millionen DM, die noch verblieben, waren — so hieß es — Anlaufkosten, die zwar als verloren gelten müßten, die aber bei einem solchen Unternehmen unvermeidlich seien.
Es wurde uns also, vereinfacht ausgedrückt, ein „Persilschein" ausgestellt. Das Gutachten ging dann in den Bundestag. Dort wurde darüber diskutiert. Die Mehrheit des Bundestages schloß sich diesem Gutachten an. Zum Schluß nun zu der Frage: Wie hat der Bund sein Geld wiederbekommen? Herr Professor Holzamer wird sich erinnern: Dies war der Grundstock für das ZDF. In Eschborn bei Frankfurt standen auf dem Kirchengelände in Moor und Schlamm die Ü-Wagen und die Baracken. All das wurde übernommen. Es wurde auch ein Teil des Programms übernommen. Herr Professor Holzamer mußte sich, wenn ich mich richtig erinnere, beim Land Rheinland-Pfalz zunächst Geld leihen, um dem Bund die Mittel zurückerstatten zu können.

Karl Holzamer:

Ich kann das bestätigen. Das, was in Eschborn technisch vorhanden war, und die inzwischen fertigen oder halbfertigen Produktionen oder Projekte, die Anlagen habe ich bei der Auflösung der FFG in Eschborn von dem Treuhänder übernommen, wenn auch nicht zu gleich hohen Preisen, mit denen sie seinerzeit angeschafft worden waren. Ich habe gleichzeitig etwa fünfzig Personen aus dem Kreis der FFG — hauptsächlich aus dem technischen Bereich — übernommen. Wir haben als ZDF dann allerdings keine Starthilfe bekommen. Das, was wir aus Eschborn bekamen, konnten wir, da wir noch keine Sendungen hatten und keine Werbung lief — unser Gesamtetat betrug im Jahre 1962 72 Millionen DM —, zu diesem Zeitpunkt noch nicht aus eigenen Mitteln bezahlen. Das

Land Rheinland-Pfalz trat für uns in Vorlage, was wir dann aber wieder beglichen haben. Statt einer Grundausstattung, die uns eigentlich — auch nach der Beurteilung von Sachverständigen — zugestanden hätte, haben alle deutschen Länder dann die berühmte Bürgschaft für einen Kredit in Höhe von 140 Millionen DM übernommen. Mit diesen Mitteln konnten wir dann anfangen. Alle diese Leistungen sind von uns aus hinterher aber wieder restituiert worden. Aus dem Programmvorrat, den wir übernahmen und den ich durch meine Verbindung zur Deutschland-Fernsehen GmbH zum Teil schon kannte und welchen ich durch drei Mitarbeiter noch einmal prüfen ließ, habe ich etwa ein Drittel auch ausstrahlen können. Die übrigen zwei Drittel waren — auch aus Zeitgründen — überholt oder nicht mehr sendefähig. Insofern ist auch für die öffentliche Hand keine nennenswerte Belastung entstanden. Wir haben es eben austragen müssen.

Herr Vorsitzender, ich möchte mit Ihrer Erlaubnis eine weitere kurze Bemerkung anschließen. Ich habe ja über Mängel im Verhältnis zwischen Ländern und Bund geklagt. Wenn der Staatsvertrag vom 6. Juni 1961 eine Brücke auch zum Bund geschlagen hätte — der Bund entsandte freilich Vertreter in die Organe, sowohl in den Verwaltungsrat wie in den Fernsehrat — und wenn zum Beispiel eine Verwaltungsvereinbarung mit dem Bund durch diesen Vertrag vorgesehen gewesen wäre, hätten wir die schrecklichen Jahre mit den auf uns zukommenden Körperschaftsteuerforderungen nicht erdulden müssen. Allein der Bund ist für die Körperschaftsteuer zuständig. Wir haben über zehn Jahre lang wegen der Körperschaftsteuer unter Druck gestanden. Der Bundesfinanzhof hatte seinen Beschluß in dieser Sache bereits fertiggestellt; er konnte nur noch nicht verkündet werden, weil wir noch mündliche Verhandlung beantragt hatten. Wir hätten eine Milliarde DM Steuern nachzahlen müssen, mehr, als unser damaliger Jahreshaushalt betrug, und zwar nur deswegen, weil auf Grund jenes Mißverhältnisses zwischen Bund und Ländern keine Vereinbarung mit dem Bund in bezug auf diese Frage getroffen worden war.

Gott sei Dank hat uns dann der Bundestag gerettet, indem er bei der Novellierung des Körperschaftsteuergesetzes einen eigenen Passus für das ZDF einfügte, der uns in der steuerlichen Behandlung der Einnahmen aus Werbung mit den Rundfunkanstalten gleichstellte. So wirken sich auch auf lange Sicht Versäumnisse aus, die man, wenn damals ein gutes Verhältnis zwischen Bund und Ländern bestanden hätte, wahrscheinlich hätte vermeiden können.

Karl-Günther von Hase:

Ich habe den Eindruck, daß wir, was die Adenauer-Zeit und das Verhältnis zur Presse anbelangt, allmählich an die Grenze der Fragemöglichkeiten kommen. Vielleicht sollten wir vor dem Schlußwort von Herrn Rommerskirchen noch einmal den Versuch machen, einen Bogen zur Jetztzeit zu spannen und Fragen wie diese zu beantworten: War es eigentlich damals schwieriger oder ist es heute schwieriger? Wie ist ein Bundeskanzler in seinem Verhältnis zur Presse in den verschiedenen Bereichen heute zu bewerten, ohne daß dieser Bundeskanzler jetzt personifiziert werden soll? Ich denke vielmehr schlechthin an das Verhältnis eines Bundeskanzlers zur Presse in der heutigen Mediensituation.

Klaus Skibowski:

Ich komme gleich auf die zuletzt gestellte Frage zu sprechen. Ich glaube, ein Bundeskanzler muß heute genauso wie Konrad Adenauer ständig Ereignisse schaffen, die für die Presse und die vorhandenen Medien passend sind und die diese verwenden können. Wir haben eine Unzahl von solchen Anekdoten in Filmaufzeichnungen vorliegen, zum Beispiel Aufnahmen anläßlich der Fertigstellung der viermillionsten Wohnung, hier Adenauer mit großem Zimmermannshut. All diese Aufnahmen sind vorher geplant und mit ihm zusammen überlegt worden. Er mußte jedesmal überzeugt werden, daß es wichtig sei, daß er mitspiele. Er wußte, daß er in solchen Szenen als Bundeskanzler „Theater spielte". Er tat dies aber, um seine Politik verständlich zu machen — und dann oft auch mit Spaß an der Sache.
Mit dem Blick auf die Zukunft bleiben die Probleme immer noch dieselben. Das Problem, das zu Adenauers Zeiten auftauchte und das er mit dem Begriff „Bürokratie in den Rundfunksendern" umschrieb, ist das Problem der wachsenden Eigenautorität nicht der gewählten Intendanten, sondern der vor der Kamera und dem Mikrophon sitzenden Journalisten und Journalistinnen. Sie haben eine eigene Autorität und eine eigene Kraft der politischen Meinungsbeeinflussung, auch auf Wahlen hin. Adenauer hat mehrfach die Frage gestellt: Was ist denn nun eigentlich — so würden wir es heute formulieren — die Legitimation des Journalisten? Woher nimmt er das Recht, in einer Demokratie politische Meinung mitzugestalten, in der andere, die das tun, die Politiker, gewählt werden müssen? Weiterhin: Nach welchen Maßstäben arbeiten Journalisten?

Daß diese Maßstäbe sich wandeln, wissen wir, die wir Journalismus betreiben. Sind das Maßstäbe, die objektiv zu erfassen sind — vor allem von einem Menschen wie Adenauer, der immer sehr konkret und präzise wissen wollte, wie etwas funktioniert? Daher auch seine Neugierde. Selbst seine Erfindungen sind wohl aus diesem Gedanken heraus entstanden. Schließlich ist auch zu fragen, an welchen Werten sich Journalisten orientieren. Welche Werte gelten heute bzw. morgen? Konrad Adenauer war sicherlich kein Mensch, der den Begriff der Zeit so stark einsetzte, wie ihn später Johannes XXIII. in der katholischen Kirche formuliert hat oder wie Physiker ihn immer definiert haben. Er hat aber gewußt, daß es heute richtig sein kann, etwas zu sagen, und morgen falsch sein kann, dasselbe zu sagen.
Ich glaube, daß die Probleme der Verantwortung des Journalisten, seiner eigenen Legitimation und seiner Maßstäbe und Werte immer bestehenbleiben. Auf diesem Gebiet wird es immer Spannungen mit den Politikern geben, denn die Politiker werden nach anderen Maßstäben gewählt. Sie messen nach anderen Maßstäben als Journalisten.
Das Problem der „beamteten" Journalisten in den öffentlich-rechtlichen Anstalten scheint noch heute das Kernproblem der öffentlich-rechtlichen Anstalten zu sein. Es geht also nicht nur um das Problem, daß die öffentlich-rechtlichen Anstalten eine Programmstruktur anderer Art haben als etwa privatwirtschaftlich arbeitende Anstalten.

Karl-Günther von Hase:

Vielen Dank, Herr Skibowski, insbesondere dafür, daß Sie der Anregung Rechnung getragen haben, etwas zur Gegenwart zu sagen.

Hans Wendt:

Ich glaube, man kann Adenauer tatsächlich auch heute noch als vorbildlich hinsichtlich seines Verhältnisses zur Presse oder auch zur allgemeinen Öffentlichkeit ansehen. Ich möchte ein Beispiel dafür anführen, wie Adenauer gerade das neue Medium Fernsehen aufgegriffen hat. Ich ergänze damit das, was Herr Krueger über den Ausflug nach Köln in der Zeit, als das Fernsehen mit seiner Arbeit begann, berichtete. Ehe wir Präsident Ehlers dafür gewonnen hatten, die Bundestagsdebatten im Fernsehen übertragen zu lassen, erfolgte die Vereidigung des 1953 gebildeten Kabinetts. Auf eine etwas schüchterne Frage von mir, ob er bereit wäre, sich unmittelbar nach der Vereidigung für eine kurze Fernsehsendung zur Verfügung zu stellen, antwortete Adenauer sofort mit Ja. Wir hatten in einem Seitengang im Bundeshaus ein improvisiertes kleines Studio aufgebaut. Dorthin kam er nicht nur selber, sondern er brachte sein halbes Kabinett mit. Es wurde dort am Vormittag etwa gegen 11.00 Uhr eine Sendung gemacht, die gewiß nur sehr wenige Leute damals gesehen haben, die aber doch Symbolcharakter hatte. Es war ein einmaliger Vorgang, daß ein frisch vereidigter Bundeskanzler mit Kabinett vor das Fernsehen trat.

Hilde Purwin:

Auch ich glaube, daß Adenauer für die Presse, ganz besonders für die schreibende Presse, ein ziemlich erfreulicher Bundeskanzler war. Inzwischen ist es wohl so, daß die Kanzler sich fast nur noch um das Fernsehen bemühen, jedenfalls viel stärker als um die Presse, weil sie einfach davon ausgehen, daß sie mit dem Fernsehen mehr Leute erreichen. Auch wenn bei vielen Zuschauern nur in Erinnerung bleibt, was für eine Krawatte der Kanzler getragen hat — die Kanzler ziehen trotzdem Auftritte im Fernsehen vor.
Vieles ist auch aus der damaligen Zeit heraus erklärlich. Es gab damals viel weniger Journalisten als heute. Alles war viel hautnäher. Man konnte Adenauer eigentlich überall treffen. Selbst wenn man ständig gegen ihn geschrieben hat — wie ich zum Beispiel, weil ich nicht seiner Meinung war, daß Westintegration vor Wiedervereinigung gehen sollte —, sprach er trotzdem mit einem. Zu mir hat er am Anfang jedesmal gesagt: „Ich weiß ja, daß Sie falsch wählen. Ich will mich aber trotzdem einmal mit Ihnen unterhalten." — Das würde einem heute nicht mehr passieren. Ich glaube, alle fünf Nachfolger von Adenauer haben sich nie mehr so um die Presse gekümmert und auch nicht kümmern können. Außerdem war es in Bonn nie wieder so spannend wie zu Adenauers Zeiten, wobei lediglich Willy Brandt mit seiner Ostpolitik, die ähnlich aufregend war, eine Ausnahme machte. Diejenigen Kanzler, in deren Zeit es nicht so spannend zugeht, können natürlich nicht so viel Interesse erwecken. Wenn man als Politiker nicht so viel Interesse erweckt, kann man, wie ich glaube, auch als Person nicht viel Interesse erwecken.

Karl-Günther von Hase:

Ich glaube, Frau Purwin hat einige sehr interessante Feststellungen getroffen. Sie sagte: Es war früher alles viel hautnäher. Damit hat sie eine Vokabel in die Debatte geworfen, die ich aufgreifen möchte. Ich möchte hier einmal die provozierende Frage stellen: Geht der Presse durch die elektronischen Medien vielleicht die Primärerfahrung verloren? Erstellen die schreibenden Journalisten ihren Bericht möglicherweise vor dem Fernsehschirm, wo das, was sie sehen, durch einen anderen Redakteur — wie wir alle wissen — gelenkt wird? War das früher anders? War es früher hautnäher? Was für Veränderungen bewirkt das etc.? Vielleicht kann man hierüber einen Moment nachdenken.

Hanns Jürgen Küsters:

Ich möchte an die hier versammelten Zeitzeugen doch noch ein oder zwei konkrete Fragen richten. Es wurde gesagt, daß Konrad Adenauer den Umgang mit dem Rundfunk erst 1946 gelernt habe. Ich möchte diese Frage auch auf das Fernsehen umgemünzt wissen: Hat sich Adenauer zu irgendeinem Zeitpunkt noch einmal intensiv beraten lassen, wie man recht telegen vor das deutsche Publikum tritt? In einem der vielen Adenauer-Filme der letzten Wochen war eine gestellte Szene mit Heinrich von Brentano zu sehen, die kurz nach dem Mauerbau 1961 aufgenommen worden war. Kanzler und Außenminister rechtfertigten darin das Verhalten der Bundesregierung nach dem 13. August. Meinem Eindruck nach präsentierte sich Adenauer in dieser Fernsehaufnahme nicht gerade überzeugend. Es wirkte dilettantisch, wie er dort vorgeführt wurde, wobei es wohl nicht seine Schuld war. Er wurde von denjenigen, die den Streifen damals zu verantworten hatten, sehr schlecht ins Bild gesetzt. Hierzu würde ich gerne eine Stellungnahme hören.

Weiterhin ist es doch verwunderlich, daß die durchaus kritische Phase des Sommers 1960 von den Zeitzeugen bisher so wenig diskutiert wurde. In meinem Vortrag habe ich kurz Peter Altmeier und dessen Rolle im Fernsehstreit angesprochen. Auch dazu würde mich die Meinung der Anwesenden interessieren. Adenauer fand ja keineswegs Unterstützung bei den Ministerpräsidenten. Er hatte sich quergestellt: zu seiner Partei und gegenüber der Bevölkerung. Vorhin erwähnte ich, daß seinerzeit 56 % der Bundesbürger für ein zweites Fernsehprogramm plädierten. Es gibt aber noch eine andere Zahl: 29 % der Befragten meinten, daß Adenauer mit

PERSONENREGISTER

Kursiv gesetzte Zahlen verweisen auf Diskussionsbeiträge. Der Name Konrad Adenauer wurde nicht in das Register aufgenommen.

seinem Taktieren in dieser Frage Schaden erlitten habe; durch richtiges politisches Vorgehen, mit etwas mehr Zurückhaltung bei der Gründung der Deutschland-Fernsehen GmbH, wäre er sehr viel besser gefahren, und man hätte dann schneller ein zweites Programm bekommen.

Karl-Günther von Hase:

Herr Professor Holzamer möchte Herrn Küsters direkt auf eine der beiden von ihm gestellten Fragen antworten.

Karl Holzamer:

Ich möchte auf beide Fragen eingehen. Ich kann wiederum nur aus meinen Erfahrungen beim ZDF berichten.
Wir produzierten seinerzeit die mit Erhard eröffnete Reihe „Zur Person", die Gaus[259] als Moderator und Gesprächspartner leitete. Bedingung war, daß die Sendung ohne vorherige ausdrückliche Verständigung über alle Fragen, die gestellt werden, ablaufen sollte, damit sie möglichst unverbraucht und natürlich wirkte. Natürlich war man darauf eingerichtet, daß bestimmte allgemeine politische Fragen oder auch Fragen zur Person gestellt wurden. Es wurde aber kein Protokoll für den Ablauf vorher erstellt. Das war eine der Bedingungen. Die Sendung sollte außerdem möglichst in einem Zuge abgewickelt werden, obwohl es eine lange Sendung — sie dauerte eine Stunde — war.
Als Adenauer von Gaus zu der Sendereihe „Zur Person" gebeten wurde, hat man mit Adenauer eine kleine Ausnahme gemacht, die ich auch für gerechtfertigt halte: Wegen seines hohen Alters hat man eine Unterbrechung der Fragezeit mit einkalkuliert. Ich weiß gar nicht, ob sie notwendig gewesen ist. Man hat sie aber jedenfalls vorgesehen, damit sich nicht durch Ermüdung und mangelnde Konzentration vielleicht ein schlechtes Bild ergäbe. Teile der Sendung „Zur Person" sind in der Sendung des ZDF am Ostersonntag ausgestrahlt worden. Ich habe den Eindruck, daß die Sendung seinerzeit, obwohl nur in schwarz-weiß gesendet wurde, eine großartige Präsentation war.
Nun zu der anderen Frage. Ich habe schon angedeutet, daß ein schlechtes Verhältnis zwischen den Ländern bestanden hat und daß schließlich — ich kann das im einzelnen wiederum nicht beurteilen — auch bei Adenauer der Geduldsfaden riß, nachdem er merkte, daß bei den Ländern

keine Neigung bestand, auf einen Kompromiß einzugehen. Die Länder waren natürlich durch das verschreckt, was auf dem Wege über das sogenannte Bundes-Rundfunkgesetz in die Welt kommen sollte. Sie fürchteten — und sie wurden von den Landesrundfunkanstalten in diesem Sinne auch angegeifert —, daß ihre eigene Kompetenz in die Brüche ginge. Das hat auch auf der Gegenseite, auch bei Adenauers Parteifreunden — etwa Altmeier —, sicherlich eine Gegenwirkung ausgelöst. Ich bin persönlich aber immer noch der Meinung: Wenn es wirklich gelungen wäre, zu einer richtigen Aussprache zu kommen, hätte man manches vielleicht verhindern können. Man hätte dann doch eine einvernehmliche Lösung finden können. Die Meinungen machten nicht etwa an Parteigrenzen halt, sondern gingen quer durch die Parteien. Inwieweit es in der Fraktion selbst zu unterschiedlichen Auffassungen gekommen ist, weiß ich nicht. Ursprünglich — bei der Einbringung des Gesetzentwurfes in den Jahren 1952/53 — war aber eigentlich eine starke Einmütigkeit sogar in den drei Regierungsparteien vorhanden.

Karl-Günther von Hase:

Anschließend an die Feststellung, daß das eine oder andere im Fernsehen unbeholfen dargestellt worden sei, möchte ich ergänzend folgendes sagen. Wir dürfen nicht vergessen, daß auch zur Endzeit von Adenauer in bezug auf Fernsehen eigentlich beide Seiten, das heißt der gestaltende Journalist und der antwortende Politiker, noch Lernende waren. Es gab zu dieser Zeit keinen gewachsenen Fernsehjournalismus in der Bundesrepublik Deutschland. Alle Fernsehjournalisten hatten ihr Handwerk zunächst einmal als schreibende Journalisten erlernt und waren dann umgestiegen. Im besten Fall hatten die Journalisten noch einige Hörfunkerfahrung, was dem Fernsehen in gewisser Weise nahekommt. Ich kann mich noch gut entsinnen, wie wir kurz vor Ende der Regierungszeit Adenauers ein mehrstündiges Interview mit CBS — Columbia Broadcasting System —, mit dem damaligen CBS-Korrespondenten in Bonn Dan Schorr[260] machten. Schorr war später der anchorman für Turner News in Washington. Er war einer der bedeutendsten, in Amerika langjährig tätigen Fernsehjournalisten. Als er die technischen Vorbereitungen für den Aufbau seiner ganzen Fernsehapparatur im Palais Schaumburg traf, mußte ein statisches Gutachten eingeholt werden, ob das entsprechende Büro im Palais Schaumburg, in dem die Aufnahme stattfinden sollte, das schwere Fernsehgerät der Amerikaner tragen konnte. Bis dahin war man dort daran gewöhnt, daß nur ein Kameramann mit Kamera und ein Redakteur, im besten Falle noch ein Beleuchter und ein Toningenieur zur Aufnahme erschienen. Die Amerikaner erschienen mit drei fahrbaren Schwerstkameras, die das Bild heranholen konnten, auf den Gesprächspartner zufahren konnten, die Szene von allen Seiten beleuchten konnten usw. Man glaubte sich plötzlich in ein hochtechnisches Laboratorium versetzt zu sehen, was sicherlich auch für den Bundeskanzler gar nicht so leicht gewesen ist. Dieser Lernprozeß muß auf beiden Seiten in Rechnung gestellt werden.

Klaus Skibowski:

Die erste Fernsehschulung für Minister und Parlamentarier fand 1961 statt. Den ersten Knigge für Funk und Fernsehen habe ich auf Grund amerikanischer und britischer Erfahrungen 1960 geschrieben. Er ist an alle wichtigen Politiker aller Parteien verteilt worden. Der schönste Brief kam von Seebohm, auf den ein paar negative Elemente direkt gemünzt waren. Er schrieb, er habe diese Hinweise nicht nötig.
Von Hassel hat dies dann für die Abgeordneten systematisiert. Wir haben in den Bonner Fernsehstudien eine richtige Fernsehschulung für die Bundestagsabgeordneten angeboten. Die Schulung war ganz handfest und konkret.

Hans Herwarth von Bittenfeld:

Ich habe Ende der fünfziger Jahre als Botschafter in London berichtet, daß die englischen Politiker sowohl der Labour-Partei als auch der Konservativen Partei Fernsehunterricht nehmen.

Jesse Lukomski:

Ich möchte bemerken, daß die Vergleiche zwischen dem, was damals war, und dem, was heute ist, wirklich hinken, weil sich die Umwelt für die Auslandsjournalisten und auch für die Bundesregierung total verändert hat. Damals wurden wir wirklich gebraucht, weil die Bundesrepublik versuchte, ihre Position im Ausland auszubauen, zu festigen, das Ausland

zu überzeugen, daß hier eine neue Demokratie geboren war und funktioniert.
Heute ist die Bundesrepublik ein gestandenes Mitglied der demokratischen Völkergemeinschaft. Sie braucht die Auslandspresse wirklich nicht mehr in dem Sinne, wie man uns damals gebraucht hat. Deshalb hat zum Beispiel der Verein der Auslandspresse das Gewicht, das er damals hatte, verloren. Ein Beispiel dafür: Wir haben Kanzler Kohl bei unseren Jahresfesten noch nie gesehen. Herr Adenauer war immer dort.

Erich Mende:

Ich möchte Herrn Küsters Frage beantworten, warum die Sendung nach dem Mauerbau in Berlin so schlecht ankam. Der Grund liegt darin, daß *zwei* Personen auf dem Fernsehschirm zu sehen waren: Adenauer und von Brentano. Das Ganze wirkte hölzern und aufgesetzt. Herr von Brentano antwortete nur, die Alliierten würden die Situation prüfen usw. Die Sendung war katastrophal, weil sie unwahr wirkte. Man merkte die Hilflosigkeit. Wäre Konrad Adenauer *allein* erschienen und hätte — so wie später beim Eichmann-Prozeß — fünf Minuten allein in Großaufnahme oder am Tisch sitzend gesprochen, wäre es ganz anders gewesen. Der Fehler war, daß man zwei Personen auftreten ließ, wobei jeder der beiden darauf wartete, daß das erlösende, zündende Argument von dem anderen kam. Es kam aber von keiner Seite.
Ganz großartig hat der Bundeskanzler am Vorabend des Eichmann-Prozesses (1961) reagiert. Er besorgte sich über Herrn von Eckardt zehn Minuten Sendezeit nach der Tagesschau. Er hat dann den Unterschied zwischen dem Verbrechertum der Wannsee-Leute — unter anderen — einerseits und dem Unwissen des deutschen Volkes andererseits so überzeugend dargestellt und auch sein Gespräch mit Ben Gurion mit einbezogen, daß die ganze Welle von negativen Reaktionen, die wir in den nächsten Tagen erwarteten, im In- wie im Ausland ausblieb. Adenauer hatte genauso überzeugend von dem Unwissen der Mehrheit des deutschen Volkes und von der Ablehnung einer Kollektivschuld gesprochen wie de Gaulle 1958 beim Algerienputsch, als sich de Gaulle in Uniform hinsetzte und sagte: „Français, français, aidez moi!" — Als ich diesen Satz in Straßburg gehört hatte, sagte ich: „Der Putsch ist zu Ende." — So überzeugend wirkte de Gaulle am Abend im Fernsehen auf dem Höhepunkt der Krise des Algerienputsches der Generale.
Herr Skibowski, daß Adenauer Fernsehen und auch Rundfunk gewissermaßen nicht lernen mußte, will ich Ihnen an zwei Beispielen verdeutli-

chen. Er fuhr nach Moskau und mußte dort die Front abschreiten. Als er zurückkam — wir sahen das Abschreiten der Front ja im Fernsehen —, fragte er mich, der schließlich um meine militärische Vergangenheit wußte: „Nun, Herr Mende, wie war das in Moskau? Wie hat Ihnen der Vorbeimarsch der russischen Ehrenkompanie gefallen?" — Ich sagte: „Großartig! Herr Bundeskanzler, als Sie die Front abschritten, dachte ich an Feldmarschall Mannerheim.[261] So hätte es nur noch der finnische Feldmarschall Mannerheim machen können." — Er fragte dann weiter: „Wissen Sie, wie man die Front abschreitet?" — Ich antwortete: „Man muß den Eindruck erwecken, daß jeder Soldat — im ersten, im zweiten und auch im dritten Glied — vom Blick des die Front Abschreitenden erfaßt wird." — Adenauer daraufhin: „Das haben mir auch Heusinger und Speidel vorher gesagt. Deswegen habe ich auch jeden von den Soldaten angeguckt." — Er hat sich also auf alle auf ihn zukommenden Situationen gut vorbereitet.

Als letztes schließlich dies. Wir jüngeren Abgeordneten — Strauß, Stücklen und wie sie alle hießen — hatten am Anfang der fünfziger Jahre gar keine Erfahrung, wo Gefahren drohten. Er sagte zu uns Jüngeren einmal: „Lassen Sie sich nie mit einem Glas Sekt in der Hand knipsen. Das erscheint am nächsten Tag in der Morgenpresse. Die Arbeiter, die die Zeitung früh sehen, sagen dann: Da saufen sie wieder einmal Sekt auf Kosten unserer Steuergelder. — Wenn Sie an einem kalten Büfett sind und Sie sehen dort einen Fotografen oder eine Fernsehkamera, dann machen Sie einen großen Bogen. Man wartet nur darauf, Sie in einer möglichst negativen Position mit aufgerissenen Augen und vollem Mund zu knipsen. Gehen Sie lieber um das Büfett herum. Machen Sie nicht den Fehler, sich sogar noch vom Fernsehen aufnehmen zu lassen." —

Zum Schluß noch eine kurze negative Bemerkung mit Bezug auf die Damen und Herren Journalisten von damals. Zu keiner Zeit ist der Beginn einer Regierungsarbeit so negativ behandelt worden, wie es seitens der Masse der Journalisten in Bonn und Frankfurt damals der Fall war. Sie berichteten über Diäten, über das kostspielige Bonn, über das verlassene Dorf Bonn, über die Fehlentscheidung für Bonn. Von 1949 bis 1952 ist die Berichterstattung über die Bundeshauptstadt, die Diäten, die Gehälter, über Dienstwagen und Luxus in einer Weise erfolgt, daß selbst die Schulklassen, wenn sie vorbeifuhren, mit ihren Lehrern verächtlich sangen: „Wir sind die Eingeborenen von Trizonesien" und „Wer soll das bezahlen, wer hat das bestellt?". Am Anfang der Bundesrepublik Deutschland und am Anfang der Regierungszeit Adenauers stand zu 75 % eine Negativbeurteilung aller Vorgänge in Bonn durch die Mehrheit der Presse.

Heinrich Küppers:

Ich möchte noch einmal zum Fernsehstreit Stellung beziehen. Herr Professor Holzamer, Sie haben gesagt, daß die Länder nicht kompromißbereit hätten sein können. Ich habe bei meinen Forschungen[262] ein Protokoll über die mediengeschichtlich so bedeutsame Sitzung vom 15. Juli 1960 gefunden. Aus diesem Protokoll geht eindeutig hervor, daß sich Bundesregierung und CDU-Länder doch geeinigt haben. Es gab eine klare Absprache über ein Verwaltungsabkommen. Von dieser Absprache ist Peter Altmeier abgerückt. Er teilte Adenauer am 23. Juli mit, daß er und die anderen CDU-Ministerpräsidenten sich zwar mit der SPD im Sinne der Bonner Beschlüsse geeinigt hätten, aber man erwarte für die Länder nunmehr ein drittes Fernsehprogramm. Das aber sah Adenauer als einen Bruch der Vereinbarungen an. Er ist dann am 25. Juli zur Tat geschritten. Über das, was er an diesem Tage tun würde, wußte Altmeier genau Bescheid. Darüber hatte es vorher eine ausgiebige Konferenz gegeben. Nachher tat er so, als hätte er von nichts gewußt.
Schließlich bleibt noch die Frage: Haben denn die beiden — Adenauer und Altmeier — Karlsruhe nicht in Betracht gezogen? Doch, sie haben es getan. Obwohl sie alles als eine politische Angelegenheit angesehen haben, haben sie natürlich auch die juristische Frage vor Augen gehabt. Sie waren sich also dessen bewußt, was in Karlsruhe passieren könnte. Der Zusammenhang zwischen parteiinternem Medienstreit und dem daraus erwachsenen Risiko einer nicht gewollten Entscheidung durch Karlsruhe macht aber nur Sinn, wenn man das Ganze vor dem Hintergrund eines Machtkampfes zwischen CDU-Provinz und CDU-Zentrale sieht. Dies wollte ich zur Ergänzung noch sagen.

Karl Holzamer:

Herr Dr. Küppers, eine kurze Rückfrage: War denn im Sommer 1960 schon absehbar, daß man überhaupt ein drittes Fernsehprogramm haben konnte? Mußten diese Bedingungen und diese Forderungen — ich frage dies, weil ich es nicht weiß — nicht praktisch zum Scheitern des Kompromisses führen? Das Bundesverfassungsgericht hat damals doch entschieden, daß es dann private Formen geben könne, wenn die Wellen zur Verfügung stünden. Da sie damals aber *nicht* zur Verfügung standen, hat man die Gründung der Deutschland-Fernsehen GmbH als nicht mit dem Grundgesetz vereinbar angesehen. Ich bin mit der Materie nicht in allen

Einzelheiten vertraut. Ich weiß aus den vordergründigen Ablehnungen und Animositäten usw. nur, daß der Zwiespalt nicht überwunden werden konnte und daß auf beiden Seiten Fehler gemacht wurden. Waren jene Forderungen und Bedingungen in bezug auf ein drittes Fernsehprogramm in jenem Augenblick aber nicht tatsächlich illusorisch, und bedeuteten sie damit nicht doch faktisch den Bruch einer möglichen Vereinbarung? Das müßte man nachprüfen.

Karl-Günther von Hase:

Auch das ist ein Punkt für die Forschung.

Heinrich Küppers:

Ich möchte darauf antworten. Am 15. Juli 1960 ist über ein drittes Fernsehprogramm nicht gesprochen worden. Nun ist die Sache mit der Wellenfreigabe auch ein Politikum. Wenn man es politisch will, kann man die Wellenfreigabe für ein drittes Programm erreichen. Über das dritte Programm ist auf der Konferenz der Ministerpräsidenten der Länder gesprochen worden, die am 22. oder 23. Juli stattgefunden hat. Dort sind die CDU-Ministerpräsidenten mit dem Bericht aus Bonn aufgetreten und haben mitgeteilt, daß man sich geeinigt hätte. Die SPD-Ministerpräsidenten haben darauf reagiert und gesagt: Jawohl, wir ziehen mit. — Bei dieser Absprache kam dann das Thema eines dritten Fernsehprogramms auf. Dort ist von den CDU-Ministerpräsidenten insgesamt erstmals die Frage nach einem dritten Fernsehprogramm in die Politik eingeführt worden. Diese Frage ist dann von Altmeier, der Sprecher der Ministerpräsidenten in dieser Frage war, an Adenauer zurückgegeben worden. Adenauer hat das als Affront aufgefaßt und hat am 25. Juli dann entsprechend reagiert.

Max Schulze-Vorberg:

Ich knüpfe an das zuletzt Gesagte an. Herr Küppers, ich glaube, Sie haben recht, daß es latent öfter einen Streit zwischen den CDU-Ministerpräsidenten und dem Bundesvorsitzenden der CDU, dem Bundeskanzler, gegeben hat. Er stammt sicher aus der Zeit, die ich vorhin habe schildern dürfen, als alle Ministerpräsidenten der CDU die Große Koalition

mit der SPD wollten, Adenauer diese aber verhindert hat. Es ist öfter zu lesen gewesen, daß seinerzeit von den Zaunkönigen gesprochen worden sei. Ob dieser Begriff nun gefallen ist oder nicht — die Spannungen haben jedenfalls einige Jahre gedauert.
Ich habe mich zu Wort gemeldet, weil von Hilde Purwin der Begriff „hautnäher" in die Debatte geworfen worden ist. Es hieß, damals sei alles hautnäher gewesen. Herr Mende sagte, wenn Adenauer Situationen auf sich zukommen sah, habe er sich entsprechend vorbereitet. Sie haben damit sicher recht. Ich glaube aber, daß es Adenauers große Fähigkeit war, Situationen, die schwer voraussehbar waren, zu meistern. Herr Mende, Sie haben eben von Ihren militärischen Erfahrungen gesprochen. Ich besitze solche nicht im gleichen Maße wie Sie.
Im Zusammenhang mit dem Beitritt zur NATO habe ich erkannt, wie Adenauer auf plötzliche Fragen seitens der Presse reagieren konnte. Ich kenne kein besseres Beispiel dafür als dieses: Wir wurden Mitglied der NATO. Es gab die erste Pressekonferenz der Außenminister aller NATO-Länder im Palais Chaillot (9. Mai 1955). Der deutsche Außenminister — das war damals der Bundeskanzler — war zum erstenmal dabei. Er wurde — ganz offensichtlich von einem Emigranten — gefragt: Herr Bundeskanzler, werden die Generale Hitlers auch die Generale Adenauers sein? — Wir alle warteten atemlos darauf, was nun kommt. Ich werde die Antwort nie vergessen: „Mein Herr, ich fürchte, Generale unter 18 wird mir die NATO nicht abnehmen." — Adenauer hatte die Fähigkeit, einer Sache eine verblüffende Wendung zu geben. Ich habe diese Fähigkeit bei Adenauer relativ oft erlebt. Er konnte den Dingen durch Rückfragen oder durch die Bezugnahme auf scheinbare Seitenaspekte eine besondere Beleuchtung geben.
Wir haben vorhin darüber gesprochen, was ein Bundeskanzler heute eigentlich würde tun müssen. Ich träume manchmal davon, was Adenauer auf Fragen, wie sie heute gestellt werden, sagen würde. Nehmen wir als Beispiel die Frage der Kernenergie. Es ist eine Tatsache, daß die Kernreaktoren in der Bundesrepublik unter sozialdemokratisch geführten Regierungen gebaut worden sind, und zwar mit einem Aufwand von vielen Milliarden DM. Um es kurz zu machen: Ich könnte mir durchaus vorstellen, daß sich ein Bundeskanzler Adenauer vor das Plenum stellt und sagt: Meine Herren von der SPD, Sie haben Milliarden und aber Milliarden in die Kernenergie gesteckt, und zwar Steuergelder der deutschen Arbeiter. Sollen die Kraftwerke als Ruinen stehenbleiben? Sollen wir sie dann Brandt-Ruinen oder Schmidt-Ruinen nennen? Was würden Sie denn vorschlagen, wie wir diese ganzen Ruinen nennen sollen? — Adenauer hatte

die Fähigkeit, Dinge auf den Punkt zu bringen, und zwar auch unvorbereitet. Wenn man sich vorbereiten kann, ist es einfacher. Ihm fielen Dinge ein, die anderen klugen Zeitgenossen eine halbe Stunde später einfallen. Er hatte solche Dinge präsent. Das erklärt, glaube ich, auch seinen großen Erfolg vor der Presse.

Karl-Günther von Hase:

Ich möchte ein kurzes Bonmot zur Frage des natürlichen Verhältnisses von Bundeskanzler Adenauer zum Militär beitragen, angeregt durch das, was Herr Dr. Mende gesagt hat. Ich erinnere mich an eine Szene im Bundesverteidigungsrat. Dort wurde über eine Art Notstandsplanung im Rahmen der Berlin-Krise diskutiert. Die Frage: Was geschieht an der Zonengrenze, wenn die erste Warnstufe ausgelöst wird? Der Generalinspekteur trägt vor, daß dann aus Gründen der Truppeneinsparung die eine oder andere Grenzberichtigung vorgenommen werden solle, um sich mit weniger Soldaten mit mehr Aussicht auf Erfolg auf einer verkürzten Linie verteidigen zu können. Adenauer hört sich das eine ganze Weile an und sagt dann: „Herr General, es ist ja janz jut, wat Sie da vorjetragen haben. Aber kann die Bundeswehr nicht auch mal wat vorjehen?"

Reinhard Appel:

Ich möchte dem Kollegen Max Schulze-Vorberg nicht widersprechen. Im Gegenteil, ich kann aus eigener Erfahrung das bestätigen, was hier über Geistesgegenwart, Witz und Reaktionsfähigkeit von Konrad Adenauer gesagt wurde. Dennoch möchte ich auf die Frage von Herrn Küsters, ob Adenauer im heutigen Fernsehzeitalter so reüssieren würde wie damals, etwas zögerlicher antworten. Das, was Max Schulze-Vorberg gerade dargestellt hat, war natürlich die Reaktion eines Mannes, der für sich allein ist. In dem Gespräch mit Günther Gaus — dies ist eines der ganz wenigen Fernsehdokumente, die wir überhaupt besitzen — war Adenauer halt auch allein. Herr Professor Holzamer, ich habe unter Ihrer Ägide die Sendung „Journalisten fragen — Politiker antworten" im April 1963 mit Gründung des Zweiten Deutschen Fernsehens beginnen dürfen. Ich habe Adenauer als Bundeskanzler und auch später, als er als Bundeskanzler schon abgedankt hatte, zigfach angeboten, in diese Sendung zu kommen. Er hat das dankend abgelehnt. Ich glaube, daß dahinter auch eine gewisse Scheu stand, denn in dieser Runde mußte er mit anderen unmittelbar diskutieren und debattieren. Er hat mir in Zeiten, in denen ich einen sehr guten persönlichen Kontakt mit ihm hatte, verständlich zu machen versucht, weshalb er nicht teilnimmt. Wenn man Adenauers Verhältnis zum Fernsehen beschreiben will, muß auch diese gewisse Scheu erwähnt werden. Sie gehört zum Gesamtbild.

Klaus Skibowski:

Wir dürfen nicht vergessen, daß Adenauer in Amerika aus der hohlen Hand dreimal „Meet the Press"[263] gemacht hat, und zwar hinreißend gut.

Reinhard Appel:

Ich möchte darauf sofort reagieren. Bei der einen Sendung bin ich in Washington dabeigewesen. Die Art und Weise, wie die Amerikaner rücksichtslos fotografieren — Adenauer hat sich das hinterher selber angesehen; ich war, wie gesagt, einmal dabei —, hat natürlich auch dazu beigetragen, daß seine Scheu vor diesem Medium eher verstärkt wurde, was nichts über seine Fähigkeit zu reagieren, über seinen Witz und seine Bildersprache besagt, Herr Kollege Skibowski. Es war aber eben so, daß er zu dem Medium Fernsehen nie eine enge Verbindung gehabt, sondern eher Distanz und Mißtrauen empfunden hat.

Karl-Günther von Hase:

Ich kenne alle drei „Meet the Press"-Auftritte, entweder aus meiner Eigenschaft als Pressereferent im AA — wir waren damals dabei — oder aus meiner Eigenschaft als Bundespressechef bzw. Regierungssprecher. Ich kann bestätigen, daß alle drei Auftritte ein großer Erfolg waren. Man muß, abgesehen von der Sache, aber auch sagen, daß der Erfolg damit zusammenhing, daß die Presse schon wegen des Alters von Konrad Adenauer voller Achtung für ihn war. Man bewunderte, daß er in der Lage und fähig war, so schlagfertig auf Fragen zu reagieren.
Meine Damen und Herren, ich glaube, wir dürfen die Diskussion jetzt nicht zu sehr ausufern lassen. Sie haben zuletzt auch die Gegenwart in interessanter Weise gestreift. Ich hoffe sagen zu können, daß sich der Hin-

weis Adenauers, es habe nur Sinn, in die Historie zu gehen, wenn man die Ergebnisse für die Zukunft nutzen könne, auch für unsere Tagung bewahrheitet. Vor dem Schlußwort hat Herr Krueger noch einmal um das Wort gebeten.

Werner Krueger:

Ich möchte kurz über das aktuellste Erlebnis zum Thema „Konrad Adenauer und die Presse" berichten. Der Westdeutsche Rundfunk wollte vor 20 Minuten ein Interview über diese Tagung aufnehmen. Herr von Hase hat mich gebeten, das Interview zu führen. Die erste Frage, die mir gestellt wurde, lautete: „Ich habe Dr. Adenauer zwar nie gekannt und auch wenig von ihm gelesen, aber er hat doch sein Leben lang ein hundsmiserables Verhältnis zur Presse gehabt." —
Ich habe daraufhin versucht, sein Verhältnis zur Presse darzustellen. Die Dame vom WDR sagte dazu: „Wenn Sie das anders sehen, ist es ja gut. Der schlagendste Beweis ist aber doch, daß er sich auf Kosten der Steuerzahler ein eigenes Fernsehen zulegen wollte. Er wollte mit diesem eigenen Fernsehen doch seine Politik den dummen Leuten verkaufen, also Propaganda treiben." — Das war die zweite Aussage zum Thema „Adenauer und die Presse".

Karl-Günther von Hase:

Herr Krueger, können wir auch das Band mit Ihrer Antwort bekommen?

Werner Krueger:

Sie war entsprechend deutlich.

Reinhard Appel:

Sie sollten das Protokoll über diese Tagung an den Westdeutschen Rundfunk schicken.

Karl-Günther von Hase:

Vielen Dank, das ist ein guter Hinweis.
Das Schlußwort spricht nun Herr Rommerskirchen, der Vorsitzende des Vorstandes des Stiftung Bundeskanzler-Adenauer-Haus.

Josef Rommerskirchen:

Meine Damen und Herren! Einige von Ihnen haben andere bedeutende Kollegen und für unser Thema interessante Zeitzeugen heute vermißt. Sie haben dies in Form der Fragestellung zum Ausdruck gebracht. Ich möchte Ihnen sagen, daß wir nach entsprechenden Überlegungen und auf Vorschlag der Vorbereitungskommission 130 Einladungen versandt haben und daß jeder von denjenigen, nach denen hier gefragt wurde — das kann ich wahrheitsgemäß sagen; ich könnte es belegen, und in einigen Fällen habe ich es auch getan —, auf der Einladungsliste stand.
Die von uns bewußt gewählte zeitliche Nähe dieser Tagung zum Gedenken an den 20. Todestag Konrad Adenauers ist ganz gewiß mit ein Grund dafür, daß mancher uns eine Absage erteilen mußte. Die Gedenkfeier am vergangenen Ostersonntag war ja trotz ihrer inneren Großartigkeit äußerlich in ähnlicher Weise davon überschattet. Die Osterpause von vielen Eingeladenen anders verplant, was die Abwesenheit von manchem am vergangenen Sonntag wie auch heute hier erklären dürfte.
Um so herzlicher möchte ich Ihnen allen namens der Damen und Herren unserer Organe, des Kuratoriums, des Wissenschaftlichen Beirats und des Vorstandes der Stiftung, für die engagierte Beteiligung Dank sagen. Ich meine es ehrlich, wenn ich sage „Ihnen allen“, denn die Strapaze des Herkommens in eben dieser Woche werte ich als Ausdruck des besonderen inneren Engagements. Aus diesem Grunde bedanke ich mich für das aufmerksame Zuhören auch nicht weniger als für die Beteiligung an der Diskussion. Wir danken Ihnen aufrichtig dafür, daß Sie sich dieser Mühe unterzogen haben.
Der Tagungsleiter, Herr Staatssekretär, Botschafter und Intendant a. D. Karl-Günther von Hase, hat dem Hauptreferenten wie den Korreferenten den Dank für die hervorragenden Beiträge — so bewerte ich sie jedenfalls — ausgesprochen. Sie haben damit zum Gelingen unserer Tagung beigetragen. Namens der Leitungsorgane der Stiftung möchte ich diesen Dank noch einmal ausdrücklich unterstreichen. Herrn Dr. Hanns Jürgen Küsters wünsche ich für seine wissenschaftliche Tätigkeit immer so-

viel Erfolg, wie er ihn heute mit seinen grundlegenden Ausführungen hatte.

(Beifall)

Ich möchte eine Empfehlung, die er heute vormittag aussprach, aufgreifen, zumal gleich ihm alle nachfolgenden Redner auf Forschungslücken bei dem Bemühen, der großen geschichtlichen Persönlichkeit Konrad Adenauers gerecht zu werden, hingewiesen haben. Es sind dabei, so finde ich, gar nicht wenige konkrete Stichworte gefallen. Wenn diese unsere Tagung allein dies bewirken würde, daß noch viele private Archivschubladen geöffnet und ihr Inhalt verfügbar gemacht würden, wenn alle, die heute hier anwesend sind, nicht zuletzt auch junge, nachwachsende Wissenschaftler ermutigen, sich an der Zeitgeschichtsschreibung engagiert zu beteiligen, und wenn auch die anwesenden Doktorväter — und deren sind auch nicht wenige hier — diesen Aspekt mit bedenken würden, wäre dies eine besonders begrüßenswerte Folgewirkung unserer Veranstaltung.

Namens der Organe der Stiftung wie aller ihrer Mitarbeiter — ich bin am Sonntag von Herrn Bundeskanzler a. D. Dr. Kiesinger noch einmal ausdrücklich darum gebeten worden, ebenso telefonisch von dem so schwer erkrankten Vorstandskollegen Dr. Horst Osterheld und auch von Herrn Dr. Konrad Adenauer, der uns heute etwas früher verlassen mußte, weil er vor einer Amerikareise steht — danke ich ganz besonders herzlich Ihnen, lieber Herr von Hase. Sie haben in Ihrem Leben viele Erfolgserlebnisse gehabt. Ich meine nicht unbescheiden zu sein, wenn ich zugleich namens der Tagungsteilnehmer feststelle, daß der Erfolg der heutigen Veranstaltung — für Sie hoffentlich mit ebenso viel Freude, wie wir sie empfanden — fortan zu den bisherigen Erfolgen hinzugezählt werden sollte. Wir danken Ihnen ganz, ganz herzlich für die umsichtige, sorgfältige Vorbereitung und die souveräne Leitung der heutigen Veranstaltung.

Das Thema „Der Kölner Oberbürgermeister Adenauer und die Presse“ ist heute weitgehend ausgespart worden. Von Herrn von Hase wurde dies heute vormittag begründet. Er hat selbst einen sehr bedeutsamen Beitrag dazu geleistet. Ein Zitat mag nicht nur ein sinnvoller Abschluß des heutigen Rhöndorfer Gesprächs, sondern zugleich der Auftakt für eine spätere Fachtagung sein. Ich darf Konrad Adenauer am Schluß zitieren. Er schrieb am 6. August 1945 in einem offenen Brief an die Leser des „Kölnischen Kurier“: „Unter deutscher Redaktion erscheint nunmehr unsere Zeitung. In Zukunft wird also diese einzige Kölner Zeitung von Männern geleitet, die wir kennen und deren tapfere und anständige Gesinnung sich in den hinter uns liegenden leidvollen zwölf Jahren erprobte. Diese Zeitung wird zunächst das einzige Sprachrohr sein zwischen der

Bürgerschaft und der Stadtverwaltung. Sie soll euch unterrichten über unser Tun und Lassen. Sie soll uns unterrichten über das, was euch besonders am Herzen liegt, und über das, was ihr auszusetzen habt. Kritik ist gut. Kritik muß sein. Aber vergeßt nie bei aller sicher oft verständlichen Kritik, wie tief der Abgrund ist, aus dem wir Zoll für Zoll emporklimmen müssen, und daß wir darum uns mit Geduld wappnen müssen."[264]

Ich danke Ihnen noch einmal von ganzem Herzen.

ANMERKUNGEN

Die Anmerkungen zu den Referaten und zur Diskussion wurden von Dr. Hanns Jürgen Küsters und Dr. Hans Peter Mensing erstellt. Biographische Angaben sind vornehmlich zu Journalisten und Publizisten aufgenommen worden. Weiterführende Informationen und bibliographische Hinweise finden sich in der „Rhöndorfer Ausgabe", Adenauer, Teegespräche (vgl. Anm. 3) und Adenauer, Briefe (vgl. Anm. 10).

1. Anneliese *Poppinga*, Meine Erinnerungen an Konrad Adenauer, Stuttgart 1970, S. 350.
2. Das Thema wurde bislang nur in Aufsätzen oder Passagen von Monographien behandelt. Vgl. Alfred *Rapp*, Adenauer und die Journalisten, in: Dieter *Blumenwitz*/Klaus *Maier*/Konrad *Repgen*/Hans-Peter *Schwarz* (Hrsg.), Konrad Adenauer und seine Zeit. Politik und Persönlichkeit des ersten Bundeskanzlers, Bd. 1: Beiträge von Weg- und Zeitgenossen, Stuttgart 1976, S. 283—290. Robert *Strobel*, Adenauer und die Presse, in: „Die Zeit", Nr. 42, Sonderbeilage, vom 18. 10. 1963. Arnulf *Baring*, Außenpolitik in Adenauers Kanzlerdemokratie. Bonns Beitrag zur Europäischen Verteidigungsgemeinschaft, München-Wien 1969, S. 31—47, 293—328.
3. Adenauer, Teegespräche 1950—1954 und Teegespräche 1955—1958, Adenauer — Rhöndorfer Ausgabe, hrsg. von Rudolf *Morsey*/Hans-Peter *Schwarz* im Auftrag der Stiftung Bundeskanzler-Adenauer-Haus (StBKAH), bearb. von Hanns Jürgen *Küsters*, Berlin 1984 und 1986. — Der Band Teegespräche 1959—1961 erscheint im Herbst 1988.
4. Teilaspekte behandelt Horst O. *Walker*, Das Presse- und Informationsamt der Bundesregierung. Eine Untersuchung zu Fragen der Organisation, Koordination und Kontrolle der Presse- und Öffentlichkeitsarbeit der Bundesregierung, Frankfurt/Main 1982.
5. Zusammenfassende Darstellungen von Hans *Bausch* (Hrsg.), Rundfunk in Deutschland, Bd. 3: Rundfunkpolitik nach 1945. Erster Teil: 1945—1962, München 1980. Rolf *Steininger*, Rundfunk zwischen Bund und Ländern 1953—1961. Ein Beitrag zur Innenpolitik Adenauers, in: Politische Vierteljahrsschrift, Nr. 4 (1976), S. 474—519. *Ders.*, Rundfunkpolitik im ersten Kabinett Adenauer, in: Vierteljahrshefte für Zeitgeschichte, 21. Jg. (1973), S. 388—434. *Ders.*, Deutschlandfunk — die Vorgeschichte einer Rundfunkanstalt 1949—1961. Ein Beitrag zur Innenpolitik der Bundesrepublik Deutschland, Berlin 1977.
6. Erste Aufschlüsse geben Elisabeth *Noelle-Neumann*, Adenauer und die Wahlen. Ein lehrreiches Kapitel: öffentliche Meinung, in: Die Politische Meinung, Bd. 21 (1976), S. 5—18. Karl Georg *von Stackelberg*, Souffleur auf politischer Bühne, München 1975, S. 147—154.
7. Vgl. Hans *Bohrmann*/Marianne *Englert* (Hrsg.), Handbuch der Pressearchive, München-New York-London-Paris 1984.

8. Vgl. Arnulf *Baring*, Außenpolitik, S. 326. Kritisch äußerte sich auch Anton *Betz*. In dem Artikel Begegnungen mit Adenauer, in: Rheinische Post vom 12. 10. 1963 stellte er fest: „Man spürte, daß ihm (Adenauer) die Presse irgendwo und irgendwie nicht lag, und es dauerte Jahre, bis er ihre Eigenständigkeit erkannte und mit ihr umzugehen vermochte." Fritz Sänger meinte gar: „Adenauer hatte — es war nicht nur mein Eindruck — unüberwindliches Mißtrauen gegenüber Presse und Rundfunk." Vgl. dessen Erinnerungen: Verborgene Fäden, Bonn 1978, S. 155. Reinhold Heinen vermutete, Adenauer habe vielleicht zu viel von sich verlangt und dabei die Maßstäbe vergessen. Darum könne sein Verhältnis zur Presse nicht gut sein. Vgl. seinen Beitrag: Konrad Adenauer aus Köln. Versuch einer Würdigung, in: „Kölnische Rundschau" vom 5. 1. 1951.
9. Vgl. Rede Adenauers beim Festakt zum zehnjährigen Bestehen der „Kölnischen Rundschau", 17. 3. 1956. Wortlaut in: Die Pflichten der Zeit und die Zeitung, hrsg. von der „Kölnischen Rundschau", Weihnachten 1956, S. 26—28, Zitat S. 26 f.
10. Adenauer, Briefe 1945—1947, Briefe 1947—1949, Briefe 1949—1951, Briefe 1951—1953, Adenauer — Rhöndorfer Ausgabe, hrsg. von Rudolf *Morsey*/ Hans-Peter *Schwarz* im Auftrag der Stiftung Bundeskanzler-Adenauer-Haus, bearb. von Hans Peter *Mensing*, Berlin 1983, 1984, 1985 und 1987.
11. Veröffentlicht bislang: Adenauer: „Es mußte alles neu gemacht werden." Die Protokolle des CDU-Bundesvorstandes 1950—1953, bearb. von Günter *Buchstab*, Stuttgart 1986.
12. Felix *von Eckardt* (1903—1979), 1946—1951 Chefredakteur des „Weser-Kuriers", 1952—1955 und 1956—1962 Leiter des Presse- und Informationsamtes der Bundesregierung.
13. Ausnahmen sind die zahlreichen Anekdoten-Bände von Walter *Henkels* über Konrad Adenauer sowie Franz *Rodens*, Konrad Adenauer. Der Mensch und Politiker, München-Zürich 1963. Fritz *Sänger*, Verborgene Fäden, Bonn 1978. Max *Schulze-Vorberg*, Die Moskaureise 1955, in: Konrad Adenauer und seine Zeit, Bd. 1, a.a.O., S. 651—664. Karl *Silex*, Mit Kommentar. Lebensbericht eines Journalisten, Frankfurt/Main 1968. Robert *Strobel*, Adenauer und der Weg Deutschlands, Luzern 1965. Paul Wilhelm *Wenger*, Schuman und Adenauer, in: Konrad Adenauer und seine Zeit, Bd. 1, a.a.O., S. 395—414. Zur Sicht der Auslandskorrespondenten vgl. Luigi *Morandi*, Adenauer. Cancelliere della liberta, Brescia 1961. Terence *Prittie*, Konrad Adenauer. Vier Epochen deutscher Geschichte, 2. Aufl., Stuttgart 1972. *Ders.*, Kanzler in Deutschland, Stuttgart 1981. Cyrus Leo *Sulzberger*, Auf schmalen Straßen durch die dunkle Nacht. Erinnerungen eines Augenzeugen der Weltgeschichte 1939—1954, Wien-München-Zürich 1971.
14. Vgl. dazu Ekkard *Häussermann*, Konrad Adenauer und die Presse vor 1933, in: Hugo *Stehkämper* (Hrsg.), Konrad Adenauer. Oberbürgermeister von Köln, Köln 1976, S. 207—247.
15. Rede vor dem Zeitungswissenschaftlichen Fortbildungskursus, 24. 10. 1956, Bonn, in: Archiv für Christlich-Demokratische Politik der Konrad-Adenauer-Stiftung, Sankt Augustin (ACDP), Nachlaß (NL) Felix von Eckardt I-010-002/1.

16. Rede vor dem Internationalen Presseinstitut, 14. 5. 1953, London, in: StBKAH 02. 11.
17. Rede auf einem Empfang des Deutschen Presseclubs, 20. 2. 1956, Bonn, in: StBKAH 02. 14.
18. Rede anläßlich des Jahresfestes des Vereins der ausländischen Presse am 28. 5. 1963, Bad Godesberg, in: StBKAH 02. 30.
19. Rede vor dem Verein Union-Presse, 17. 10. 1959, Bonn, in: StBKAH 02. 20.
20. Informationsgespräch mit Flora Lewis Gruson, 16. 6. 1959, in: StBKAH 02. 19.
21. Vgl. Anm. 18.
22. Vgl. beispielsweise Tee-Empfang, 1. 6. 1951, in: Adenauer, Teegespräche 1950—1954, S. 85; Presse-Tee, 2. 4. 1952, S. 234 f., 245. Informationsgespräch, 20. 9. 1955, in: Adenauer, Teegespräche 1955—1958, S. 5; Informationsgespräch mit John Midgley, 20. 5. 1958, S. 276—289.
23. Schreiben an Reinhold Heinen, 5. 4. 1950, in: StBKAH 12. 50.
24. Vgl. Anm. 15.
25. Stenographischer Bericht über die dritte Sitzung des Bundesvorstandes der CDU, 3. 6. 1955, Bonn, in: StBKAH 05. 06.
26. Angaben in Ansprache von Staatssekretär von Hase beim Besuch des Bundeskanzlers im Presse- und Informationsamt, 7. 10. 1963, in: StBKAH 02. 31.
27. Schreiben an Karl Arnold, 26. 1. 1948, in: Adenauer, Briefe 1947—1949, S. 157.
28. Vgl. die wichtigsten Schreiben Adenauers an General Alexander Bishop, 4. 11. 1946, in: Adenauer, Briefe 1945—1947, S. 355—359; an Major Huijsmans, 12. 5. 1947, S. 490—493; an Klaus Hauff, 30. 8. 1947, in: Adenauer, Briefe 1947—1949, S. 59; an Major Huijsmans, 17. 3. 1948, S. 188. Rede vor der schweizerischen Gruppe der Interparlamentarischen Union in Bern, 23. 3. 1949, Teildruck in: Konrad Adenauer, Erinnerungen 1945—1953, S. 182—190, insbes. S. 189 f. Zusammenfassende Darstellung von Norbert *Frei*, Medienpolitik der Alliierten nach dem Zweiten Weltkrieg. Die Situation in den Besatzungszonen und in Berlin, in: Studienkreis Rundfunk und Geschichte, Mitteilungen, 11. Jg. (1985), Nr. 1, S. 28—41, und Kurt *Koszyk*, Pressepolitik für Deutsche 1945—1949. Geschichte der deutschen Presse, Teil IV. (Abhandlungen und Materialien zur Publizistik Bd. 10), Berlin 1986.
29. Schreiben an den Leiter des Nachrichtenamtes der Stadt Köln, Hans Schmitt, 22. 12. 1946, in: Adenauer, Briefe 1945—1947, S. 399 f.; an die Leitung des Nordwestdeutschen Rundfunks, 11. 4. 1947, S. 468; an Regional Commissioner William Asbury, 5. 5. 1947, S. 484; an den Militärgouverneur Brian Robertson, 2. 4. 1949, in: Adenauer, Briefe 1947—1949, S. 432—434. Arnulf *Baring*, Außenpolitik, S. 313—319.
30. Zum Konflikt mit dpa (sog. „Sänger-Krieg", benannt nach deren ersten Leiter, Fritz Sänger) vgl. Arnulf *Baring*, Außenpolitik, S. 293—307. Fritz *Sänger*, Verborgene Fäden, S. 154—161.
31. Aktennotiz über Besprechung im Pressehaus Düsseldorf, 16. 2. 1946, in: Adenauer, Briefe 1945—1947, S. 154 f.; Schreiben an Hans Rörig, 18. 4. 1946, S. 225 f.; an Major Huijsmans, 12. 5. 1947, S. 490—493; an Anton Betz, 6. und 27. 7. 1946, S. 278, 293 f.; grundsätzliche Äußerung Adenauers über „Das

Verhältnis der CDU zu den Zeitungen" auf der Gründungsversammlung des Verein Union-Presse am 22. 11. 1947 in Düsseldorf, vgl. dazu Heinz-Dietrich *Fischer*, Parteien und Presse in Deutschland seit 1945, Bremen 1971, S. 139. Rede Adenauers vor dem Verein Union-Presse, 27. 9. 1952, Bonn, in: ACDP, NL Josef Kannengiesser I-182-034/1.

32. Schreiben an die Militär-Regierung, Köln, 9. 6. 1945, Adenauer, Briefe 1945—1947, S. 46 f.; an Hans Rörig 4. und 18. 8. 1945, S. 67 f., 76; an Erich Brost, 27. 9. 1945, S. 105 f.

33. Adenauer in einem Exposé „Zur Genfer Konferenz" 1955: „Mir scheint es mehr denn je notwendig zu sein, daß wir in Deutschland eine Zeitung von Rang bekommen, die sowohl im Ausland wie im Inland beachtet wird. Durch diese Zeitung soll ohne Rücksicht auf Tagesereignisse und billige russische Gesten die Linie der bisherigen Deutschland-Politik stetig weiterverfolgt werden. Das Blatt muß einen solchen Rang haben, daß es im Ausland und auch im Inland nicht übersehen werden kann und insbesondere die verhängnisvollen Stellungnahmen der Frankfurter Allgemeinen, der Süddeutschen und ähnlicher Zeitungen beseitigt." Vgl. StBKAH III/17.
In gleicher Weise äußerte sich Adenauer am 12. 7. 1956 vor dem CDU-Bundesvorstand: „Ich bin der Auffassung, daß wir unter allen Umständen — ich bemühe mich seit zwei Jahren darum und kriege es nicht fertig — eine Zeitung, deren Sitz Bonn ist, haben müßten, die die Ansicht der Regierungskoalition und der Regierung wiedergibt. Bei ihr wird es nicht so sehr darauf ankommen, daß sie Hunderttausende von Auflage hat, sondern sie muß so sein, daß weder die ausländische noch die inländische Presse an dem, was diese Zeitung sagt, vorbeigehen kann." Vgl. StBKAH 05. 07. Ähnlich äußerte er sich 1960 gegenüber engen Mitarbeitern.

34. Reinhold *Heinen* (1894—1969), ab 1946 Lizenzträger und Herausgeber der „Kölnischen Rundschau".

35. Anton *Betz* (1893—1984), 1945 zunächst Verlagsdirektor der von der britischen Militärregierung herausgegebenen „Neuen Rheinischen Zeitung", ab 1946 Verleger der „Rheinischen Post".

36. Heinen hatte am 12. 2. 1946 Adenauer mitgeteilt, daß er (Heinen) „das zweifelhafte Vergnügen habe, von der Militär-Regierung als Verleger der Christlich-Demokratischen Zeitung berufen zu werden". Schreiben in StBKAH 08. 52. Zu den Konflikten vgl. u. a. Schreiben Adenauers an Karl Arnold, 1. 7. 1946, in: Adenauer, Briefe 1945—1947, S. 272; an Heinrich Weitz, 1. 7. 1946, S. 275; an Anton Betz, 6. und 27. 7. 1946, S. 278, 293 f.; an Reinhold Heinen, 8. 2. 1947, S. 427 f.; an die Lizenzträger der „Kölnischen Rundschau", 7. 3. 1947, S. 443; an die Redaktion der „Hamburger Allgemeinen Zeitung", 11. 2. 1949, in: Adenauer, Briefe 1947—1949, S. 405.

37. Unterredung Adenauers mit englischen Journalisten, 19. 1. 1953, in: Adenauer, Teegespräche 1950—1954, S. 402.

38. Vgl. Anm. 19. Reinhold Heinen stellte in diesem Zusammenhang fest: „Aber die fast verbissene Hingabe an seine Idee und Aufgabe, auch an seine eigenwillige Arbeitsweise und politische Technik, die er nicht nur von sich, sondern genauso von seinen Mitarbeitern verlangte, meinte er auch von der zur Mitarbeit am deutschen Wiederaufbau bereiten Presse verlangen zu können.

Hier scheint der tiefere Grund für das schlechte Zusammenspiel zu liegen." Vgl. Reinhold *Heinen*, Konrad Adenauer aus Köln.

39. Kanzlertee, 6. 5. 1960, in: BPA-Dokumentation. Stenographischer Bericht über die sechste Sitzung des Bundesvorstandes der CDU, 11. 12. 1961, Bonn, in: StBKAH 05. 10. Druck: Adenauer, Teegespräche 1959—1961, Nr. 19 (vgl. Anm. 3).
40. Adenauer-Schreiben an die Redaktion „Die Welt", 18. 8. 1949, in: Adenauer, Briefe 1949—1951, S. 89; an den Chefredakteur der „Welt", Rudolf Küstermeier, 2. 9. 1949, S. 100 f.; an Reinhold Heinen, 29. 12. 1949, S. 151 f.; an Gerd Bucerius, 3. 11. 1950, S. 302; an Lambert Lensing, 30. 11. 1950, S. 317 f.; zahlreiche weitere Beispiele in StBKAH 02. 02.
41. Schreiben an Georg Strickrodt, 24. 3. 1950, a.a.O., S. 185.
42. Schreiben an Reinhold Heinen, 29. 12. 1949, a.a.O., S. 151.
43. Vgl. Kurt *Koszyk*, Pressepolitik für Deutsche 1945—1949, Berlin 1986. Harold *Hurwitz*, Die Stunde Null der deutschen Presse. Die amerikanische Pressepolitik in Deutschland 1945—1949, Köln 1972. Heinz-Dietrich *Fischer*, Parteien und Presse in Deutschland seit 1945.
44. Rudolf *Augstein* (1923), ab Januar 1947 Herausgeber und Chefredakteur des Magazins „Der Spiegel".
45. Paul *Sethe* (1901—1967), 1949—1955 Herausgeber der „Frankfurter Allgemeinen", 1955—1960 Ressortleiter Politik, 1960—1962 Redakteur der Wochenzeitung „Die Zeit", 1962—1963 Redakteur der „Welt".
46. Hans *Zehrer* (1899—1966), 1923—1931 Redakteur der „Vossischen Zeitung", 1929—1933 Herausgeber der Zeitschrift „Die Tat", 1947—1953 Herausgeber des „Sonntagsblatts", 1953—1966 Chefredakteur der „Welt".
47. Hans *Baumgarten* (1900—1968), 1949—1965 Herausgeber der „Frankfurter Allgemeinen".
48. Dolf *Sternberger* (1907), 1934—1943 Redakteur der „Frankfurter Zeitung", 1945—1949 Mitherausgeber der Zeitschrift „Die Wandlung", 1950—1959 der Zeitschrift „Die Gegenwart".
49. Paul Wilhelm *Wenger* (1912—1983), ab 1948 Bonner Redakteur des „Rheinischen Merkur".
50. Karl *Silex* (1896—1982), 1949 Begründer der Wochenzeitung „Deutsche Kommentare", 1955—1963 Chefredakteur des „Tagesspiegel".
51. Marion Gräfin *Dönhoff* (1909), ab 1946 Redakteurin, 1968—1972 Chefredakteurin, seit 1973 Mitherausgeberin der Wochenzeitung „Die Zeit".
52. Vgl. Stenographische Niederschrift der Sitzung des CDU-Bundesvorstandes, 6. 9. 1951, in: Adenauer. „Es mußte alles neu gemacht werden", S. 59. Zu einem Artikel im „Rheinischen Merkur" über interne Schwierigkeiten in der CDU-Bundestagsfraktion bemerkte er: „Ich muß schon sagen, in der Redaktionsstube mit einem Bogen und einem Füllfederhalter und evtl. einer Stenotypistin, der man diktiert, kommt man der Lösung der Probleme mit einer verblüffenden Schnelligkeit näher." Vgl. Stenographische Niederschrift über die dritte Sitzung des Bundesparteivorstandes der CDU, 28. 5. 1954, Köln, in: StBKAH 05. 06. Die Protokolle der Sitzungen des Bundesparteivorstandes der CDU befinden sich im Archiv für Christlich-Demokratische Politik der Konrad-Adenauer-Stiftung; hier sind sie zitiert nach der Überlieferung in der StBKAH.

53. Vgl. Arnulf *Baring*, Außenpolitik, S. 319—326, und Hartmut *Soell*, Zum Problem der Freiheit des Journalisten. Aus der Korrespondenz Fritz Erler-Paul Sethe 1956/57, Dokumentation, in: Vierteljahrshefte für Zeitgeschichte, 23. Jg. (1975), S. 91—116.
54. Stenographische Niederschrift über die 4. Sitzung des Bundesparteivorstandes der CDU, 11. 10. 1954, Bonn, in: StBKAH 05. 06.
55. Stenographischer Bericht der 5. Sitzung des Bundesvorstandes der CDU, 22. 11. 1962, Berlin, in: StBKAH 05. 11.
56. Stenographische Niederschrift der Sitzung des CDU-Bundesvorstandes, 26. 1. 1953, in: Adenauer: „Es mußte alles neu gemacht werden", S. 325. Stenographischer Bericht über die 3. Sitzung des Bundesparteivorstands der CDU, 10. 3. 1956, Bonn, in: StBKAH 05. 07.
57. Protokoll der Sitzung des Bundesvorstandes der CDU, 26. 1. 1953, Bonn, in: Adenauer: „Es mußte alles neu gemacht werden", S. 325.
58. Rede vor dem Verein Union-Presse, 27. 9. 1952, vgl. Anm. 31.
59. Vgl. Anm. 54.
60. Presse-Tee, 11. 7. 1952, in: Adenauer, Teegespräche 1950—1954, S. 324.
61. Kanzler-Tee, 2. 3. 1962, in: StBKAH 02. 06.
62. Stenographischer Bericht über die 3. Sitzung des Bundesvorstandes der CDU, 1. 7. 1957, in: StBKAH 05. 08; Schreiben an Hermann Pünder, 6. 6. 1949, in: Adenauer, Briefe 1949—1951, S. 32.
63. Stenographischer Bericht über die 3. Sitzung des Bundesvorstandes der CDU, 1. 7. 1957, a.a.O.
64. Stenographisches Protokoll über die sechste Sitzung des Bundesvorstandes der CDU, 11. 12. 1961, in: StBKAH 05. 10.
65. Kanzler-Tee, 2. 6. 1961, in: StBKAH 02. 23. Druck: Adenauer, Teegespräche 1959—1961, Nr. 41 (vgl. Anm. 3).
66. Kanzler-Tee, 6. 5. 1960, in: BPA, Dokumentation. Druck: a.a.O., Nr. 19.
67. Gerd *Bucerius* (1906), ab 1946 Herausgeber der Wochenzeitung „Die Zeit", ab 1948 Verleger der Illustrierten „Stern", 1949—1962 MdB (CDU).
68. Schreiben an Gerd Bucerius, 3. 11. 1950, in: Adenauer, Briefe 1949—1951, S. 302.
69. Schreiben an Ferdinand Rothe, 31. 7. 1950, a.a.O., S. 260.
70. Vgl. Anm. 56; Stenographische Niederschrift über die 5. Sitzung des Bundesparteivorstandes der CDU, 12. 7. 1956, in: StBKAH 05. 07.
71. Stenographischer Bericht über die erste Sitzung des Bundesvorstandes der CDU, 17. 1. 1958, in: StBKAH 05. 08.
72. Zur Entwicklung des Zeitungswesens vgl. Carles *Ossorio-Capella*, Der Zeitungsmarkt in der Bundesrepublik Deutschland, Frankfurt/Main 1972. Günther *Gillessen*, Die Tageszeitung, in: Harry *Pross*, Deutsche Presse seit 1945, Bern-München-Wien 1965, S. 119—134. Günther *Kieslich*, Zum Aufbau des Zeitungswesens in der Bundesrepublik Deutschland nach 1945, in: Publizistik. Festschrift für Edgar Stern-Rubarth, Bremen 1963, S. 82—89. Walter J. *Schütz*, Wettbewerbsbedingungen und Konzentrationstendenzen der deutschen Tageszeitungen, a.a.O., S. 171—187.
73. Vgl. Alfred *Rapp*, Adenauer und die Journalisten, S. 283.
74. Vgl. Michael Ludwig *Müller*, Der gesinnungsmäßige Standort westdeutscher Tageszeitungen und die Bundestagswahl 1957. Ein Beitrag zur Erforschung

des politischen Einflusses der Presse, Phil. Diss., Berlin 1961; dazu auch Edgar *Stern-Rubarth,* Die Presse als Instrument des Personenkults, in: Publizistik, 7. Jg. (1962), Heft 2, S. 73—77.

75. Vgl. Marcel *Schulte,* Presse und Regierung in Deutschland, in: Der Journalist, 4. Jg. (1954), 7, S. 1—4.
76. Vgl. Hans-Georg *von Studnitz,* Voraussetzungen einer Bundespressepolitik, in: Zeitungs-Verlag, 48. Jg. (1951), Nr. 17, S. 1—3. Ohne Verfasser. Unbefriedigende Informationsmöglichkeiten für die Presse in Bonn, in: Zeitungs-Verlag und Zeitschriften-Verlag, 51. Jg. (1954), Nr. 14, S. 550.
77. Vgl. die Einführung des Verfassers in die Edition der „Teegespräche 1950—1954", S. XII—XXII.
78. Kanzler-Tee, 1. 3. 1956, in: Adenauer, Teegespräche 1955—1958, S. 44. Stenographischer Bericht der zweiten Sitzung des Bundesvorstandes der CDU, 26. 4. 1963, Bonn, in: StBKAH 05. 12.
79. Vgl. Vorwort der Herausgeber, in: Adenauer, Teegespräche 1950—1954, S. VII—XI.
80. Vgl. Schreiben verschiedener Journalisten an das Bundespresse- und Informationsamt im März 1956, in: Adenauer, Teegespräche 1955—1958, S. 65—79.
81. Vgl. Horst O. *Walker,* Das Presse- und Informationsamt, S. 79—122.
82. Vgl. die zusammenfassende Darstellung von Werner G. *Krueger,* Das amtliche Informationswesen, in: Deutsche Verwaltungsgeschichte, Bd. V: Die Bundesrepublik Deutschland, hrsg. von Kurt G. A. *Jeserich*/Hans *Pohl*/Georg-Christoph *von Unruh,* Stuttgart 1987, S. 1012—1026.
83. Adenauer zu seinem ersten Regierungssprecher, Heinrich Böx. Vgl. Walter *Henkels,* Die leisen Diener ihrer Herren. Regierungssprecher von Adenauer bis Kohl, Düsseldorf-Wien 1985, S. 9, 120.
84. Heinrich *Böx* (1905), 1946—1949 Leiter der Informationsdienste des Zonenbeirates und des Parlamentarischen Rates, 1949 Kommissarischer Leiter des Presse- und Informationsamtes der Bundesregierung, 1951—1970 im Dienst des Auswärtigen Amtes.
85. Paul *Bourdin* (1900—1955), 1949/50 Kommissarischer Leiter des Presse- und Informationsamtes der Bundesregierung, 1950 Chefredakteur der „Welt".
86. Heinrich *Brand* (1887—1971), 1950 Kommissarischer Leiter des Presse- und Informationsamtes der Bundesregierung, 1950—1955 Regierungspräsident in Aachen.
87. Fritz *von Twardowski* (1890—1970), 1950—1952 Kommissarischer Leiter des Presse- und Informationsamtes der Bundesregierung, 1952—1956 Botschafter in Mexiko.
88. Vgl. Walter *Henkels,* Die leisen Diener ihrer Herren, S. 12—14, 21—24, 77 f., 107—140. Horst O. *Walker,* Das Presse- und Informationsamt, S. 125 f., Heinz-Dietrich *Fischer* (Hrsg.), Regierungssprecher. Zwischen Information und Geheimhaltung. Zur publizistischen und kommunikativen Funktion staatlicher Presseamts-Leiter in Bund-Länder-Gemeinden, Köln 1981, S. 27 f. Arnulf *Baring,* Außenpolitik, S. 41—45.
89. Schreiben an Paul Bourdin, 23. 1. 1950, in: Adenauer, Briefe 1949—1951, S. 165.
90. Erich Peter *Neumann* (1912—1973), 1946 Begründer des Instituts für Demoskopie (Allensbach), Herausgeber des Jahrbuchs der öffentlichen Meinung.

91. Erich Peter *Neumann*, Umfragen über Adenauer. Ein Portrait in Zahlen, Allensbach 1961. Elisabeth *Noelle-Neumann*, Adenauer und die Wahlen, S. 6—9. Hierzu vgl. a. die neuen Forschungsergebnisse von Jérôme *Vaillant*, Bildungspolitik und öffentliche Meinung, in: Franz *Knipping*/Jacques *Le Rider* (Hrsg.), Frankreichs Kulturpolitik in Deutschland, 1945—1950, Tübingen 1987, S. 135—160.

92. Vgl. Hans Edgar *Jahn*, Otto Lenz, in: Christliche Demokraten der ersten Stunde, hrsg. von der Konrad-Adenauer-Stiftung für politische Bildung und Studienförderung, Bonn 1966, S. 243—266.

93. Schreiben Lenz an Adenauer, 22. 9. 1953; Aufzeichnung Lenz betr. „Organisation des Nachrichtenwesens", ohne Datum; Schreiben Lenz an Adenauer, 29. 9. 1953, Schreiben Adenauer an Lenz, 30. 9. 1953, alle in: StBKAH III/46, sowie „An Stelle eines Informationsministeriums?", in: Der Journalist, 4. Jg. (1954), S. 1 f.; „Blinder Alarm", in: Zeitungs-Verlag und Zeitschriften-Verlag, 51. Jg. (1954), Nr. 5, S. 134. — Zu diesem Vorgang vgl. a. Adenauer, Briefe 1951—1953, S. 443 f., 675.

94. Vgl. neben den Erinnerungen *von Eckardts* (Anm. 97) die Darstellung von Walter *Henkels*, Die leisen Diener ihrer Herren, S. 27 f., 77 f., 143—162. *Ders.*, 111 Bonner Köpfe, 26. bis 28. Tausend Aufl., Düsseldorf-Wien 1968, S. 96—99.

95. In einem Schreiben vom 7. 4. 1956 aus seinem Urlaubsort Oberstdorf schlug Staatssekretär Globke Adenauer vor, von Eckardt von seinem Posten als UNO-Beobachter in New York wieder ins Presseamt nach Bonn zu holen. In seinem Antwortschreiben vom 12. 4. 1956 signalisierte der Kanzler sein Einverständnis und ließ Globke erinnern: „Bitte denken Sie daran, daß eine Presseabteilung zum Bundeskanzleramt kommen muß." Beide Schreiben in StBKAH III/17. Weitere Korrespondenz Adenauers mit von Eckardt über dessen Rückkehr ebenda. Zu den politischen Konsequenzen, die von Eckardt Adenauer vorschlug und die offenbar die Regierungsumbildung im Oktober 1956 beeinflußten, vgl. seine Erinnerungen: Ein unordentliches Leben, S. 439—442. Zu dessen weiterer Rolle als Kanzlerberater auch der Artikel: Die hellgraue Eminenz, in: „Der Spiegel", Nr. 6, 6. 2. 1957, S. 13—20.

96. Vgl. Konrad *Adenauer*, Erinnerungen 1955—1959, S. 437—482, und Adenauer, Teegespräche 1955—1958, S. 304—308.

97. Vgl. Felix von *Eckardt*, Ein unordentliches Leben. Lebenserinnerungen, Düsseldorf/Wien 1967, S. 562 f.

98. Vgl. hierzu Diskussion über die Öffentlichkeitsarbeit des Bundespresseamtes, in: Horst O. *Walker*, Das Presse- und Informationsamt, S. 340—342.

99. Vgl. Arnulf *Baring*, Außenpolitik, S. 40 f.

100. Vgl. Konrad *Adenauer*, Erinnerungen 1945—1953, 5. Aufl., Stuttgart 1983, S. 341. Schreiben an den britischen Journalisten John Freeman, 27. 4. 1950, in: Adenauer, Briefe 1949—1951, S. 199.

101. Schreiben an den FDP-Bundestagsabgeordneten Ernst Mayer, 2. 1. 1951, in: Adenauer, Briefe 1949—1951, S. 333, 335.

102. Schreiben an Goetz Briefs, 5. 8. 1949, a.a.O., S. 75 f.

103. Vgl. Hilde *Purwin*, Die Journalisten in Bonn, in: Die Neue Gesellschaft, 11. Jg. (1964), S. 404—408, hier S. 404.

104. John *Leacacos*, Korrespondent des „Cleveland Plain Dealer". — Das Inter-

view fand am 3. 12. 1949 statt. Vgl. Konrad Adenauer, Erinnerungen 1945—1953, S. 341—345.

105. Vgl. a.a.O. Weitere Materialien in: Bundesarchiv, B 145/2211 280/80-742.

106. Vgl. Adenauer, Teegespräche 1955—1958, S. 67 f., 199, 276—289.

107. Walter *Lippmann* (1889—1974), 1931—1963, Kolumnist der „New York Herald Tribune", schrieb dann für die „Washington Post" und „Newsweek".

108. Joseph Wright *Alsop* (1910), 1946—1958 zusammen mit seinem Bruder, Stewart Alsop, Kolumnist der „New York Herald Tribune", seit 1964 u. a. auch der „Saturday Evening Post".

109. James Barrett *Reston* (1909), renommierter amerikanischer Kommentator, 1953—1964 Leiter des Washingtoner Büros der „New York Times".

110. Sydney *Gruson* (1916), langjähriger Auslandskorrespondent der „New York Times", 1958 deren Bonner Korrespondent.
Flora *Lewis Gruson*, 1946—1954 freie Mitarbeiterin u. a. des „Observer", des „Economist" und des „New York Times Magazine".

111. Vgl. dazu beispielsweise die Verwendung des Informationsgespräches von Sydney und Flora Lewis Gruson vom 16. 12. 1958, in: Adenauer, Teegespräche 1955—1958, S. 309—324, 481.

112. Charles *Hargrove* (1922), 1948—1950 stellvertretender Chefredakteur für Auslandsnachrichten bei der „Times", 1950—1953 deren stellvertretender Berichterstatter in Paris, dann Korrespondent in Berlin (1953/54) und in Bonn (1960—1966).

113. Informationsgespräch mit Charles Hargrove, 20. 9. 1961, in: StBKAH 02. 25.

114. Cyrus Leo *Sulzberger* (1912), führender Kolumnist der „New York Times", 1944—1954 Leiter ihres Auslandsdienstes.

115. Vgl. die Informationsgespräche vom 9. 6. 1952, in: Adenauer, Teegespräche 1950—1954, S. 304—310; vom 10. 6. 1956, in: Adenauer, Teegespräche 1955—1958, S. 100 f.; vom 6. 8. 1957, S. 212—219.

116. Schreiben an Paul Silverberg, 29. 5. 1947, in: Adenauer, Briefe 1945—1947, S. 507. Adenauer hatte Silverberg bereits am 8. 2. 1947 um ein Abonnement der NZZ gebeten. Vgl. S. 428 f. Gegenüber bayerischen Verlegern äußerte der Kanzler am 5. 11. 1958: „Ich will Ihnen sagen, was ich an unserer deutschen Presse wirklich bedauere. Ich finde, daß sie, gleichgültig, welcher Partei sie zugehört, ihre Leser zu wenig über außenpolitische Verhältnisse unterrichtet. Ich bin ein regelmäßiger Leser vieler Zeitungen, nicht in dem Sinne, daß ich nun alles durchlese, aber doch so viel, daß ich einen Einblick habe. Ich lese auch regelmäßig die ersten zwei Seiten — manchmal sehe ich auch die dritte Seite durch — der Neuen Zürcher Zeitung. Ich muß Ihnen ehrlich sagen, . . . wenn ich so viele Telegramme und alles mögliche über unser Auswärtiges Amt bekomme — wenn ich mir einen Überblick über Vorgänge im Ausland verschaffen will, dann nehme ich die Neue Zürcher Zeitung. Aber ich bin einer Belebung gern zugänglich; wenn Sie mich darauf aufmerksam machen wollen, daß auch deutsche Zeitungen in der Bundesrepublik eine so großzügige Berichterstattung bringen wie die Neue Zürcher Zeitung, bin ich gerne bereit, das von Ihnen anzunehmen." Vgl. ACDP, NL Felix von Eckardt I-010-002/1. Ähnliche Beurteilung während des Kanzler-Tees am 12. 2. 1960, in: StBKAH 02. 21. Druck: Adenauer, Teegespräche 1959—1961, Nr. 16 (vgl. Anm. 3).

117. Vgl. Anm. 26. Grundsätzliche Ausführungen dazu von Wolfgang *Bergsdorf*, Politik und Fernsehen. Die Herausforderung der liberalen Demokratie durch den Bildschirm-Journalismus, in: Manfred *Funke*/Hans-Adolf *Jacobsen*/Hans-Helmuth *Knütter*/Hans-Peter *Schwarz* (Hrsg.), Demokratie und Diktatur. Geist und Gestalt politischer Herrschaft in Deutschland und Europa, Bonn 1987, S. 567—580.

118. Am 6. 3. 1946 hielt Adenauer im Nordwestdeutschen Rundfunk seine erste Ansprache. Vgl. Adenauer, Briefe 1945—1947, S. 155, 166, 169 f., 174, 185, 608.

119. Vgl. Hans *Bausch*, Rundfunkpolitik nach 1945, S. 13—159, und Walter *Först*, Funk und Fernsehen, in: Deutsche Verwaltungsgeschichte, Bd. V, S. 897—909, hier 898—902.

120. Hugh Carleton *Greene* (1910—1987), 1940—1946 Direktor der deutschsprachigen Sendungen der BBC (London), 1946—1948 Kontrolloffizier in der Besatzungsverwaltung; er gründete den Nordwestdeutschen Rundfunk und wurde dessen erster Generaldirektor.

121. Vgl. Wolfgang *Jacobmeyer*, Politischer Kommentar und Rundfunkpolitik. Zur Geschichte des Nordwestdeutschen Rundfunks 1945—1951, in: Vierteljahrshefte für Zeitgeschichte, 21. Jg. (1973), S. 358—387. Emil *Dovifat*, Der NWDR in Berlin 1946—1954, Berlin 1970.

122. Schreiben an Hans Schmitt, 22. 12. 1946, in: Adenauer, Briefe 1945—1947, S. 400; Schreiben an die Leitung des NWDR, 11. 4. 1947, S. 468; Schreiben an Regional Commissioner William Asbury, 5. 5. 1947, S. 484. Schreiben an den Vorsitzenden des NWDR-Verwaltungsrates, Heinrich Raskop, 30. 5. 1949, in: Adenauer, Briefe 1949—1951, S. 29.

123. Kanzler-Tee, 2. 3. 1961, in: StBKAH 02. 23. Druck: Adenauer, Teegespräche 1959—1961, Nr. 40 (vgl. Anm. 3).

124. Stenographische Niederschrift der Sitzung des CDU-Bundesvorstandes, 10. 3. 1956, vgl. Anm. 56.

125. Vgl. Arnulf *Baring*, Außenpolitik, S. 313—319.

126. Vgl. Rolf *Steininger*, Rundfunkpolitik im ersten Kabinett Adenauer, S. 388—434; *ders.*, Rundfunk zwischen Bund und Ländern 1953—1961, S. 474—519. Vgl. Anm. 253.

127. Adenauer am 10. 3. 1956 vor dem CDU-Bundesvorstand: „Wir haben die Mehrheit im Bundestag, aber wir haben bei 10 Rundfunkgesellschaften nur in einer einzigen etwas zu sagen (gemeint: der Südwestfunk, Baden-Baden), alle anderen stehen unter sozialistischer Führung . . . Föderalismus in allen Ehren, aber er muß gekonnt sein, sonst hat er wirklich keinen Zweck. Gerade die Tatsache, daß 9 von diesen 10 Rundfunkgesellschaften unter sozialistischer Führung stehen . . ., ist für den Föderalismus wirklich kein Ruhmesblatt! Für unsere Partei kann sich eine solche Sache verheerend auswirken. So haben wir unsere ‚Macht' gebraucht!" Vgl. Anm. 56.

128. Stenographischer Bericht der 3. Sitzung des Bundesvorstandes der CDU, 9. 11. 1959, Bonn, in: StBKAH 05. 09.

129. Vgl. Wolf *Bierbach* (Bearb.), Der neue WDR. Dokumente zur Nachkriegsgeschichte des Westdeutschen Rundfunks. Annalen des Westdeutschen Rundfunks, hrsg. von Walter *Först*, Bd. 3. Köln-Berlin 1978, S. 178—403. Eva-Maria *Freiburg*, Die Geschichte des Rundfunks in Nordrhein-Westfalen 1945—1955. Vom NWDR zum WDR, Phil. Diss., Hannover 1973.

130. Vgl. Hans *Bausch,* Rundfunkpolitik nach 1945, S. 370—384. Walter *Först,* Funk und Fernsehen, S. 907 f.
131. Der Kanzler beim Abschiedsempfang der Bundespressekonferenz am 14. 10. 1963: „Ich trinke auf die Presse und trinke darauf, daß die Presse sich mit Erfolg des Fernsehens erwehren möge." Vgl. StBKAH 02. 31.
132. Rede beim Abschied vom Bundespresse- und Informationsamt, 7. 10. 1963, ebenda.
133. Stenographischer Bericht der 5. Sitzung des Bundesvorstandes der CDU, 22. 11. 1962, Berlin, in: StBKAH 05. 11. Am 12. 11. 1962 sagte Adenauer in einem Informationsgespräch mit amerikanischen Journalisten: „Die öffentliche Meinungsbildung ist ja durch Rundfunk und Fernsehen so intensiv geworden — nicht mehr die Presse, die ist verhältnismäßig harmlos! —, aber Rundfunk und vor allem Fernsehen prägt heutzutage die öffentliche Meinung, so daß also die Bildung der öffentlichen Meinung nicht mehr, wie das früher gewesen ist, in den Händen einer Reihe von Zeitungen liegt, von denen die eine dieses Bild hat, die andere jenes Bild hat, so daß der Leser, der mehrere Zeitungen liest, doch durchaus ersehen kann, daß die gleiche Sache oft unter ganz anderem Gesichtspunkt betrachtet ganz anders aussieht." Vgl. StBKAH 02. 29.
134. Stenographischer Bericht der ersten Sitzung des Bundesvorstandes der CDU, 14. 3. 1963, Bonn, in: StBKAH 05. 12.
135. Angaben in: Statistisches Jahrbuch für die Bundesrepublik Deutschland 1952—1964. hrsg. vom Statistischen Bundesamt (Wiesbaden), Stuttgart-Mainz-Köln 1953—1965.
136. Vgl. Anm. 128.
137. Hierzu der neueste Beitrag von Heinrich *Küppers,* Adenauer und Altmeier im Fernsehstreit 1958—1961, in: Vierteljahrshefte für Zeitgeschichte, 35. Jg. (1987), Heft 4, S. 625—659.
138. Stenographischer Bericht der zweiten Sitzung des Bundesvorstandes der CDU, 23. 8. 1960, Bonn, in: StBKAH 05. 10. Adenauer hatte jedoch gleichzeitig signalisiert: „Ich habe aber gestern . . . vorgeschlagen, auch dabei (gemeint war die Gründung der Deutschland-Fernsehen GmbH) soll in der Formulierung noch die Tür für ein späteres Einlenken der Länder offenbleiben; in welcher Form, das muß überlegt werden. Das ist meine Meinung."
139. Ebenda.
140. Vgl. Elisabeth *Noelle-Neumann,* Adenauer und die Wahlen, S. 12. Weitere Ergebnisse von Befragungen zur Einrichtung eines zweiten Fernsehprogrammes in: Jahrbuch der öffentlichen Meinung 1958—1964, hrsg. von Erich Peter *Neumann*/Elisabeth *Noelle-Neumann,* Allensbach 1965, S. 112—114. Bei einer Umfrage im Oktober 1960 wurden zwei Antworten vorgegeben. 29 Prozent der Befragten stimmten der Ansicht zu: „Hätte Adenauer das zweite Programm nicht mit Gewalt durchsetzen wollen, sondern mehr Geduld gehabt, dann wäre es sicher bald zu einem zweiten Fernsehprogramm gekommen. Adenauer selbst trifft die Hauptschuld." Dagegen meinten 16 Prozent: „Adenauer hat sein möglichstes versucht, aber die SPD hat sich quergestellt und die Sache vor das Bundesgericht [sic!] gebracht. Ohne die SPD könnten wir das zweite Fernsehprogramm haben. Die SPD trifft die

Hauptschuld." 39 Prozent antworteten „weiß nicht, unentschieden". Die „nicht befragte Restgruppe" betrug 16 Prozent. Vgl. a.a.O., S. 116.

141. Vgl. Anm. 138.

142. Vgl. Günther *Zehner* (Hrsg.), Der Fernseh-Streit vor dem Bundesverfassungsgericht. Eine Dokumentation des Prozeßmaterials, 2 Bde., Karlsruhe 1964/65.

143. Adenauer während des Kanzler-Tees am 2. 3. 1961 (vgl. Anm. 123): „Es ist eigentlich schrecklich geradezu, daß die Anlage des Grundgesetzes eine so föderalistische war. Ich bin auch Föderalist. ... Als das Grundgesetz geschaffen wurde, da dachte man ja nicht an das Fernsehen, geschweige denn, daß ein Fernsehen einmal eine solche Bedeutung haben würde. ... Daß man aber dann nun noch so verfährt wie das Bundesverfassungsgericht, also betont föderalistisch alles auslegt, das ist doch eine traurige Arbeit, muß ich wirklich sagen. Ich kann das natürlich nicht öffentlich sagen, um die Autorität des BVG nicht zu beeinträchtigen. Aber es ist traurig."

144. Stenographischer Bericht der 3. Sitzung des Bundesvorstandes der CDU, 22. 9. 1960, in: StBKAH 05. 10.

145. Vgl. Klaus *Wehmeier*, Die Geschichte des ZDF. Teil I Entstehung und Entwicklung 1961—1966, Mainz 1979. Aufschlußreich sind auch die Memoiren von Karl *Holzamer*, Das Wagnis. Zum Sehen geboren — Zum Schauen bestellt, Mainz 1979, und *ders.*, Anders, als ich dachte. Lebenserinnerungen des ersten ZDF-Intendanten, Freiburg/Br.-Basel-Wien 1983, S. 110—123.

146. Ernst *Friedlaender* (1885—1973), ab 1946 Leitartikler der Wochenzeitung „Die Zeit", ab 1950 auch tätig für das „Hamburger Abendblatt", die „Stuttgarter Nachrichten" und die „Frankfurter Neue Presse", ab 1951 Kommentator des NWDR.

147. Adenauer zitierte den Pfarrer und Heimatschriftsteller Heinrich Hansjakob. Vgl. Anm. 128.

148. Vgl. „Frankfurter Allgemeine" vom 16. 5. 1979.

149. Sandro *Paternostro*, Korrespondent für RAI und „Il Tempo" in Bonn.

150. Josef *Mayer* (1887—1961), 1948—1950 Leiter des Rechnungshofes des Vereinigten Wirtschaftsgebietes, 1950—1956 Präsident des Bundesrechnungshofes.

151. Hermann *Pünder* (1888—1976), 1945—1948 Oberbürgermeister von Köln, 1948/49 Oberdirektor des Verwaltungsrates des Vereinigten Wirtschaftsgebietes, 1949—1957 MdB (CDU).

152. Bei einer Konferenz der Ministerpräsidenten der elf westdeutschen Länder am 28. 10. 1948 im Rheingauer Badeort Schlangenbad; vgl. Akten zur Vorgeschichte der Bundesrepublik Deutschland 1945—1949, Band 4: Januar—Dezember 1948, bearb. von Christoph *Weisz*, Hans-Dieter *Kreikamp* und Bernd *Steger*, München/Wien 1983, S. 879—905.

153. Lambert *Lensing* (1889—1965), Verleger der „Ruhr-Nachrichten", 1945/46 und 1951—1959 Landesvorsitzender der CDU Westfalen.

154. Artur *Sträter* (1902—1977), 1948—1950 und 1962—1966 nordrhein-westfälischer Justizminister (CDU).

155. Artur *Boelitz* (1876—1951), 1947 Mitbegründer des Vereins Union-Presse (vgl. Anm. 201); Schwiegervater von Artur Sträter.

156. Vgl. Hans-Peter *Schwarz*, Adenauer. Der Aufstieg: 1876—1952, Stuttgart 1986, S. 524.

157. Der Ministerpräsident der DDR, Otto Grotewohl, hatte am 30. 11. 1950 die

Bildung eines Gesamtdeutschen Konstituierenden Rates vorgeschlagen; vgl. Konrad *Adenauer*, Erinnerungen 1953—1955, S. 33—46, und Adenauer, Teegespräche 1950—1954, S. 28 f.

158. Zum Rücktritt von Bundesinnenminister Gustav Heinemann (9. 10. 1950) und der vorangegangenen sicherheitspolitischen Kontroverse mit Adenauer vgl. Adenauer, Briefe 1951—1953, S. 275—279, 283 f., 289—292, 546—554. Vgl. a. Die Kabinettsprotokolle der Bundesregierung, hrsg. für das Bundesarchiv von Hans *Booms*, Bd. 3: 1950 — Wortprotokolle, bearb. von Ulrich *Enders*/Konrad *Reiser*, Boppard/Rhein 1986.

159. Vgl. Felix *von Eckardt*, a.a.O., S. 8.

160. Adolf *Grimme* (1889—1963), 1948—1956 Generaldirektor des NWDR.

161. Vgl. Konrad *Adenauer*, Erinnerungen 1953—1955, S. 243—269, und Adenauer, Teegespräche 1950—1954, S. 519—539, 763—767.

162. „Reptilienfonds" werden seit Bismarcks Verwendung des „Welfenfonds" Haushaltsmittel genannt, die ohne öffentliche Kontrolle u. a. für Propagandazwecke genutzt werden. Vgl. hierzu Horst O. *Walker*, Das Presse- und Informationsamt, S. 30—35.

163. Zum sog. „Öffentlichkeitsarbeitsurteil" des Bundesverfassungsgerichtes vom 2. 3. 1977 vgl. Werner G. *Krueger*, Das amtliche Informationswesen, S. 1022 f.

164. Vgl. Anm. 93.

165. Alfred *Rapp* (1903), 1950—1975 Bonner Korrespondent der „Frankfurter Allgemeinen", 1953—1965 Vorsitzender des Deutschen Presseclubs.

166. Fritz René *Allemann* (1910), ab 1949 Deutschlandkorrespondent der „Tat" (Zürich).

167. Richard *Löwenthal* (1908), 1948—1954 Deutschlandkorrespondent der Nachrichtenagentur Reuters und des „Observer".

168. Egon *Bahr* (1922), 1950—1959 Bonner Korrespondent des RIAS, 1953—1954 dessen Chefredakteur.

169. Der 4. CDU-Bundesparteitag fand vom 18.—20. 4. 1953 in Hamburg statt, unmittelbar nach Adenauers erster Reise in die USA.

170. Hierzu vgl. die zahlreichen Angaben in: Rhöndorfer Gespräche, Band 6: Berlinkrise und Mauerbau, Bonn 1985.

171. Dieter *Cycon*, freier Journalist, bis 1969 außenpolitischer Redakteur der „Stuttgarter Zeitung".

172. Lothar *Ruehl* (1927), ab 1949 Bonner Korrespondent der Agence France Presse, 1954—1959 Pariser Korrespondent des „Spiegel", 1960—1964 Leiter des Nachrichtenbüros Springer-Auslandsdienst in Paris.

173. Gerd *Schroers*, Mitarbeiter des ZDF, zeitweise politischer Redakteur beim ZDF-Studio Bonn.

174. Conrad *Ahlers* (1922—1981), 1951—1952 im Presse- und Informationsamt der Bundesregierung, 1952—1954 Pressereferent der Dienststelle Blank, später u. a. stellvertretender Chefredakteur des „Spiegel", 1966—1969 stellvertretender Leiter, 1969—1972 Leiter des Presse- und Informationsamtes.

175. Ludwig *von Danwitz* (1910—1981), 1947—1955 Parlamentskorrespondent u. a. für die Zentrumspresse, 1956—1975 Leiter des WDR-Studios Bonn.

176. Vermutlich gemeint: Franz *Rademacher* (1906—1973), ab 1940 Referatsleiter für „Judenfragen" im Reichsaußenministerium, 1952 wegen Beteiligung an

Kriegsverbrechen zu mehrjähriger Haft verurteilt, kurz darauf untergetaucht und nach Syrien entkommen, 1966 Rückkehr in die Bundesrepublik.

177. Vgl. Anm. 158.
178. Rede Heinemanns in der außenpolitischen Bundestagsdebatte vom 23. 1. 1958; vgl. Verhandlungen des Deutschen Bundestages, 3. Wahlperiode, Stenographische Berichte, Band 39, S. 401—415.
179. Vgl. hierzu die Darstellung dieses Vorgangs von Kurt Georg Kiesinger in „Rhöndorfer Gespräche", Band 5: Die Legende von der verpaßten Gelegenheit. Die Stalin-Note vom 10. März 1952, Stuttgart 1982, S. 96.
180. Fritz *Sänger* (1901—1984), 1947—1949 Chefredakteur des Deutschen Pressedienstes, ab 1949 in gleicher Position bei der Deutschen Presse-Agentur (dpa).
181. Die DENA (Deutsche Nachrichten-Agentur) war die Vorläuferin der dpa in der amerikanischen Zone; vgl. Heinz-Willi *Gross,* Die Deutsche Presse-Agentur, Frankfurt/Main 1982.
182. Eduard *Geilinger* (1912—1973), ab 1940 Redakteur der „Neuen Zürcher Zeitung", 1952—1955 deren Korrespondent in Berlin.
183. Vgl. Hans-Peter *Schwarz,* Die Ära Adenauer. Epochenwechsel 1957—1963. Geschichte der Bundesrepublik Deutschland Band 3, Stuttgart-Wiesbaden 1983, S. 261—275, 283—288, und Rudolf *Morsey,* Die Bundesrepublik Deutschland. Entstehung und Entwicklung bis 1969, München 1987, S. 72, 173.
184. Karl August *Berdolt,* Anfang der 50er Jahre bis Mitte der 60er Jahre freier Mitarbeiter der „Stuttgarter Zeitung".
185. Wolf *Dietrich* (1919—1981), 1947—1962 beim RIAS Berlin, ab 1951 Leiter des Bonner Büros vom Süddeutschen Rundfunk, 1961—1962 Vorsitzender der Bundespressekonferenz, 1962—1972 Chefredakteur des ZDF.
186. Vgl. Adenauer, Teegespräche 1955—1958, S. 190 ff.
187. Vgl. Alfred *Rapp,* Adenauer und die Journalisten, S. 283.
188. Adenauer war 1946—1948 Mitglied des Zonenbeirats für die britische Zone in Hamburg und nutzte die in der Regel monatlichen Reisen dorthin häufiger für öffentliche Kundgebungen der CDU in Städten, die „am Wege" lagen; vgl. Rudolf *Morsey,* Konrad Adenauer und der Weg zur Bundesrepublik Deutschland 1946—1949, in: Rhöndorfer Gespräche, Band 3, Bonn [2]1986, S. 12—19, und die zahlreichen Belege in: Adenauer, Briefe 1945—1947; Briefe 1947—1949.
189. Peter *von Zahn* (1913), nach 1945 Abteilungsleiter beim NWDR, 1951—1960 Amerika-Korrespondent des NWDR bzw. des NDR, seit 1960 Geschäftsführer der Fernsehproduktionsgesellschaft „Windrose".
190. Rudolf *Beissel* (1894), Verlagsleiter, Schriftsteller und Kulturfilmregisseur.
191. Elisabeth *Noelle-Neumann* (1916), ab 1946 Leiterin des Instituts für Demoskopie (Allensbach).
192. Albrecht *Baehr* (1917), Redakteur beim Süddeutschen Rundfunk, betreute u. a. die Programme für Auslandsdeutsche.
193. Carl *Helfrich,* arbeitete als Korrespondent für den Hessischen Rundfunk in Bonn.
194. Vgl. Anm. 91.
195. Vgl. Hans Edgar *Jahn,* An Adenauers Seite. Sein Berater erinnert sich, München-Wien 1987, passim.

196. Vgl. a.a.O.
197. Zur Bundestagsdebatte vom 16. 12. 1949, vgl. Verhandlungen des Deutschen Bundestages, 1. Wahlperiode, Stenographische Berichte, Band 1, S. 734 ff. Vgl. a. Konrad *Adenauer*, Erinnerungen 1945—1953, S. 341—345.
198. Friedrich *Langhelm* (1915—1978), ab 1946 für die „Rheinische Post" tätig, deren langjähriger stellvertretender Chefredakteur und Ressortleiter Außenpolitik.
199. Josef-Wilhelm *Selbach* (1915), 1950—1959 Bundeskanzleramt, u. a. Leiter des Persönlichen Büros des Bundeskanzlers, 1963—1967 Persönlicher Referent Adenauers, 1969—1983 Vizepräsident des Bundesrechnungshofes.
200. Arthur *Rathke* (1920—1980), 1963—1969 Sprecher der CDU-Bundespartei, ab 1966 Leiter ihrer Presseabteilung, ab 1969 Regierungssprecher der schleswig-holsteinischen Landesregierung.
201. Der 1947 gegründete „Verein Union-Presse" diente als Interessenvertretung CDU-orientierter Verleger und Journalisten; vgl. Heinz-Dietrich *Fischer*, Parteien und Presse, S. 137—214.
202. Hans *Rörig* (1891—1984), ab 1946 Chefredakteur der „Kölnischen Rundschau", 1946—1956 Herausgeber und Chefredakteur der „Neuen Illustrierten".
203. Alfred *Neven DuMont* (1868—1940), Mitinhaber, ab 1915 Seniorchef des Verlages der „Kölnischen Zeitung".
204. Louis *Hagen* (1855—1932), Geheimer Kommerzienrat, 1915—1932 Präsident der Industrie- und Handelskammer in Köln.
205. August *Dresbach* (1894—1968), 1925—1943 Redakteur der „Kölnischen Zeitung" bzw. der „Frankfurter Zeitung", 1945—1951 Landrat in Gummersbach, 1949—1965 MdB (CDU).
206. Vgl. Hans *Rörig*, Riesen und Zwerge werfen Schatten, in: Der Journalist, 13. Jg. (1963), S. 269.
207. Vgl. Adenauer, Briefe 1945—1947, S. 50—52, 67 f., 76, 125—127.
208. Franz *Mariaux* (1898—1986), langjähriger Mitarbeiter der „Kölnischen Zeitung", vor 1945 deren Auslandskorrespondent in der Schweiz, in Frankreich und Portugal.
209. „Über Deutschland. Ein Vorschlag an die Alliierten", in: „Kölnischer Kurier" vom 10. 7. 1945.
210. Hierzu Adenauers Aktennotiz über ein Gespräch mit ausländischen Pressevertretern (5. 10. 1945), in: Adenauer, Briefe 1945—1947, S. 123 f.
211. Theodor *Wolff* (1868—1943), liberaler Politiker und Publizist, 1906—1933 Chefredakteur des „Berliner Tageblatts".
212. Vgl. die Publikationen des Referenten: Bericht über Bonn. Deutsche Politik 1955—1965, Zürich 1966, und: Realitäten und Illusionen. NZZ-Artikel zur internationalen Politik 1963—1983, Zürich 1983.
213. Stéphane *Roussel*, 1951—1954 Korrespondentin des „France Soir" in Bonn. — Nachfolgend angesprochen: Die Hügel von Berlin. Erinnerungen an Deutschland, Hamburg 1986.
214. Johann *Wartner* (1883—1963), 1949—1953 MdB (bis 1951 Bayern-Partei, dann Föderalistische Union). — Zur Rolle Wartners bei Adenauers Kanzlerwahl am 15. 9. 1949 vgl. Konstanze *Wolf*, CSU und Bayernpartei. Ein besonderes Konkurrenzverhältnis 1948—1960, Köln 1982, S. 127, 279.
215. Vgl. Rudolf *Morsey*, Die Bildung der ersten Regierungskoalition 1949. Ade-

nauers Entscheidungen von Frankfurt und Rhöndorf am 20. und 21. August 1949, in: Historisches Jahrbuch, Band 97/98 (1978), S. 418—438, sowie Konrad Adenauer und die Gründung der Bundesrepublik Deutschland, S. 36—39. Vgl. a. Udo *Wengst*, Auftakt zur Ära Adenauer. Koalitionsverhandlungen und Regierungsbildung 1949, Düsseldorf 1985, S. 30—32.

216. Vgl. Anm. 157.

217. Zu dieser Zeit war das KZ Buchenwald u. a. belegt mit Sozialdemokraten, die sich der Zwangsvereinigung mit der KPD zur SED in der Sowjetischen Besatzungszone widersetzt hatten.

218. Vgl. Rudolf *Morsey*, Konrad Adenauer und der Deutsche Bundestag, S. 33, und Adenauer, Briefe 1951—1953, S. 277, 600.

219. Vgl. Bulletin des Presse- und Informationsamtes der Bundesregierung vom 23. 9. 1952, S. 1284, 1286 f. Vgl. hierzu auch Rhöndorfer Gespräche, Band 8: Konrad Adenauer und der Deutsche Bundestag, Bonn 1986, S. 33.

220. Die Unterzeichnung des Vertrages über die Gründung der Europäischen Gemeinschaft für Kohle und Stahl (Montan-Union) fand am 18. 4. 1951 statt.

221. Walter *Henkels* (1906—1987), seit 1949 Bonner Journalist („Hofchronist") verschiedener Zeitungen, Verfasser zahlreicher — meist anekdotischer — Veröffentlichungen über Adenauer.

222. Hierzu vgl. den Beitrag des Referenten: Die Moskaureise 1955. Vgl. a. Konrad *Adenauer*, Erinnerungen 1953—1955, S. 447—450, 487—556, und Adenauer, Teegespräche 1955—1958, S. 5—30, 363—371.

223. Der Altöttinger Klosterbruder Konrad wird oft fälschlicherweise für Adenauers Namenspatron gehalten. Namenspatron ist jedoch der Bischof Konrad von Konstanz.

224. Franz *Stadelmayer* (1891—1971), 1949—1956 Oberbürgermeister von Würzburg, 1956—1960 Intendant des Bayerischen Rundfunks.

225. Walter *von Cube* (1906—1984), 1954—1972 stellvertretender Intendant, 1960—1972 Programmdirektor des Bayerischen Rundfunks.

226. Vgl. Hans-Peter *Schwarz* (Hrsg.), Konrad Adenauer. Reden 1917—1967. Eine Auswahl, Stuttgart 1975, S. 106. Adenauer beendete am 24. 3. 1946 seine Rede mit der Aufforderung: „Rufen Sie mit mir aus: Unser altes, liebes Köln, Alaaf!".

227. Ernst *Hardt* (1876—1947), 1925—1926 Leiter des Kölner Schauspielhauses, 1926—1933 Intendant des Westdeutschen Rundfunks Köln.

228. Kurt *Magnus* (1897—1962), 1925—1933 Direktor der Reichs-Rundfunkgesellschaft mbH, 1948—1951 Mitglied des Rundfunkrates des Hessischen Rundfunks, dort 1951—1962 Vorsitzender des Verwaltungsrates, 1951—1962 des Beirats der Deutschen Welle.

229. Vgl. Art. 5 Abs. 1 GG; Art. 73 GG.

230. Carl Heinz *Lüders* (1913), 1949 Persönlicher Referent von Bundesinnenminister Heinemann, leitete bis 1956 in der Kulturabteilung dieses Ressorts das Referat Presse, Film, Rundfunk.

231. Kurt *Wagenführ* (1903—1987), 1946—1947 Leiter der Pressestelle des NWDR, Mitgründer des „Hans-Bredow-Instituts" und der Zeitschrift „Rundfunk und Fernsehen".

232. Bundesgesetz vom 29. 11. 1960: vgl. Rolf *Steininger*, Deutschlandfunk — die Vorgeschichte einer Rundfunkanstalt 1949—1961.

233. Vgl. Art. 73 GG.
234. Hierzu vgl. Walter *Först*, Rheinische Städte und ihre Oberbürgermeister während der Weimarer Zeit, in: Hugo *Stehkämper* (Hrsg.), Konrad Adenauer, S. 531—596, 817—824.
235. Franz Robert *Ingrim* (1895—1964), nach 1950 als Mitarbeiter des „Rheinischen Merkur" und von „Christ und Welt" an den sicherheitspolitischen Diskussionen der Ära Adenauer beteiligt.
236. Josef *Rust* (1907), 1949—1952 Regierungsrat, dann Ministerialrat im Bundeskanzleramt (Referent für Finanz- und Wirtschaftsfragen), 1952—1955 Ministerialdirektor im Bundeswirtschaftsministerium, 1955—1959 Staatssekretär im Bundesverteidigungsministerium.
237. Klaus *Dohrn* (1909), bis 1933 Korrespondent deutscher Zeitungen in Bonn, bis 1938 politisch-publizistische Tätigkeit in Österreich, danach in der Emigration, ab 1942 in den USA, nach 1945 Europakorrespondent von „Time" und „Life".
238. Clare *Boothe-Luce* (1903), seit 1935 mit dem „Time" und „Life"-Herausgeber Henry Robinson Luce verheiratet, 1943—1947 Abgeordnete im Repräsentantenhaus, 1953—1956 Botschafterin in Rom.
239. Zu Wilhelm *Starlinger* (1899—1956) vgl. seine Veröffentlichungen: Grenzen der Sowjetmacht, Würzburg 1955, und: Hinter Rußland China, Würzburg 1957, sowie Rhöndorfer Gespräche, Band 2: Entspannung und Wiedervereinigung. Deutschlandpolitische Vorstellungen Konrad Adenauers 1955—1958, Stuttgart 1979, S. 48, 59.
240. Zur Außenministerkonferenz der vier Westmächte in Genf (11. 5.—20. 6., 13. 7.—5. 8. 1959) vgl. Konrad *Adenauer*, Erinnerungen 1955—1959, S. 517, 529, 534, 537 f., 544, und Wilhelm G. *Grewe*, Rückblenden 1976—1951, Frankfurt/Main-Berlin-Wien 1979, S. 386—426.
241. Hierzu vgl. die Beiträge des Referenten: Bonn — Eine Entscheidung des Herzens. Warum sie Bonn zur Bundeshauptstadt wählten. Ein dokumentarischer Erlebnisbereicht, Bonn 1974, S. 29, und: Konrad Adenauer, in: Claus Hinrich *Casdorff* (Hrsg.) Demokraten. Profile unserer Republik, Königstein/Ts., 1983, S. 12—14.
242. Anton *Köchling* (1903), 1950—1954 Oberkreisdirektor in Recklinghausen, 1954—1968 Direktor des Landschaftsverbandes Westfalen-Lippe, Aufsichtsratsmitglied mehrerer Unternehmen der Energiewirtschaft.
243. John H. *Freeman* (1888—1964), 1949—1954 Korrespondent der „Times" in Bonn, wohnte in dieser Zeit in Honnef.
244. Zum Nachfolgenden vgl. die Angaben in: Adenauer, Teegespräche 1950—1954, S. 182, und: Adenauer, Briefe 1951—1953, S. 154, 539.
245. Erich *Raederscheidt* (1918), langjähriger Pressereferent im Bundespräsidialamt, 1949—1959 unter Theodor Heuss.
246. Die Rede in Bern, die großes Aufsehen erregte, hielt Adenauer am 23. 3. 1949 vor der schweizerischen Gruppe der Interparlamentarischen Union. Vgl. Adenauer, Briefe 1947—1949, S. 434—439, 657 f., 660 f. Vgl. a. Anm. 28.
247. Kurt *Lachmann* (1899—1985), 1922—1937 Redakteur bzw. Korrespondent der „Frankfurter Zeitung", dann im Exil in den USA, ab 1945 Redakteur und 1952—1964 Bonner Korrespondent von „US News and World Report".

248. Hans *Guhr*, freier Mitarbeiter beim RIAS Berlin, 1952—1953 parlamentarischer Berichterstatter im Studio Bonn.
249. Wilhelm *Luppa* (1920—1980), ab 1950 in Diensten der Deutschen Wochenschau GmbH (Hamburg), baute ihre Außenstelle Bonn auf, wurde zu einem der profiliertesten Film-Berichterstatter der Bundeshauptstadt.
250. Herbert Marshall *McLuhan* (1911—1980), Literaturwissenschaftler und Medienkritiker, veröffentlichte u. a. The Gutenberg Galaxy, 1962; Understanding Media, 1964; The Medium is the Massage 1967; War and Peace in the Global Village, 1968.
251. Vgl. Anm. 126.
252. Fritz *Schuster* (1916), ab 1951 Abteilungsleiter im Bundesministerium für das Post- und Fernmeldewesen.
253. Hierzu vgl. Rolf *Steininger*, Nordrhein-Westfalen und der Rundfunkstreit zwischen Bund und Ländern in der Ära Adenauer, in: Kurt *Düwell*/Wolfgang *Köllmann* (Hrsg.), Vom Ende der Weimarer Republik bis zum Land Nordrhein-Westfalen, Wuppertal 1984, S. 305—314.
254. Hanns *Hartmann* (1901—1972), 1947—1955 Intendant des Funkhauses Köln des NWDR, 1956—1960 Intendant des WDR.
255. Adenauer äußerte sich in diesem Sinne vor dem Bundesparteitag in Dortmund (2.—5. 6. 1962); vgl. das Protokoll des 11. Bundesparteitages der CDU, hrsg. von der Bundesgeschäftsstelle, Hamburg o. J., S. 15.
256. Mit „Fall Lebach" ist die Ermordung von Bundeswehrsoldaten bei einem Einbruch in ein Munitionsdepot in Lebach/Saar im Jahre 1967 gemeint; der bei dieser Tat ursprünglich vermutete terroristische Hintergrund hatte sich nicht bestätigt.
257. Reinhold *Mercker* (1903), 1951—1956 Ministerialrat im Bundesjustizministerium, 1956—1966 Ministerialdirigent, dann Ministerialdirektor und Abteilungsleiter im Bundeskanzleramt, 1966—1967 Staatssekretär im Bundesministerium für Angelegenheiten des Bundesverteidigungsrates.
258. Vgl. Klaus *Wehmeier*, Die Geschichte des ZDF, S. 16—20.
259. Günter *Gaus* (1929), 1953—1965 Korrespondent mehrerer Tages- und Wochenzeitungen, 1965—1969 Programmdirektor des Südwestfunks, Mitarbeiter des ZDF.
260 Daniel *Schorr* (1916), 1946—1953 Korrespondent der „New York Times", 1953—1976 Berichterstatter für CBS News.
261. Carl Gustav Emil Freiherr *von Mannerheim* (1867—1951), finnischer Feldmarschall (seit 1933) und Politiker, 1939/40 Oberbefehlshaber im finnisch-sowjetischen Winterkrieg, 1944—1946 Staatspräsident.
262. Vgl. Anm. 137.
263. In der wöchentlichen Sendereihe „Meet the Press" der amerikanischen Rundfunk- und Fernsehgesellschaft NBC wurden Adenauer-Interviews u. a. am 20. 3. 1960 und 16. 4. 1961 ausgestrahlt. Wortlaut des Interviews vom März 1960 in: Dokumente zur Deutschlandpolitik, hrsg. vom *Bundesministerium für innerdeutsche Beziehungen*, IV. Reihe/Band 4: 1. Januar—30. Juni 1960. Erster Halbband, bearb. von Ernst *Deuerlein* und Gunter *Holzweißig*, Frankfurt/Main-Berlin 1972, S. 533—539.
264. Vgl. Adenauer, Briefe 1945—1947, S. 68.

LISTE DER TAGUNGSTEILNEHMER

Adenauer, Dr. Konrad
Adenauer, Oberstadtdirektor a. D. Dr. Max
Adenauer-Frowein, Bettina
Appel, Reinhard
Barth, Staatssekretär a. D. Dr. Heinrich
Booms, Präsident des Bundesarchivs Prof. Dr. Hans
Buchheim, Prof. Dr. Hans
Buchstab, Dr. Günter
Czaja, MdB Dr. Herbert
Först, Prof. Walter
Grewe, Botschafter a. D. Prof. Dr. Wilhelm G.
Gussone, Ministerialdirigent i. R. Dr. Carl
Hange, Ministerialrat a. D., Franz
von Hase, Staatssekretär a. D., Karl-Günther
von Hassel, Bundesminister a. D. Kai-Uwe
Haungs, Prof. Dr. Peter
Heckmann, Dr. Hans Hermann
Henkels, Walter
Herwarth von Bittenfeld, Staatssekretär a. D., Hans-Heinrich
Hildebrand, Prof. Dr. Klaus
Hoffmann, Johannes J.
Hohmann, Ministerialdirektor a. D. Dr. Karl
Holzamer, Intendant a. D. Prof. Dr. Karl
Hommel, M. A., Engelbert
Jahn, Dr. Hans Edgar
Jestaedt, Botschafter a. D., Rudolf
Juling, Peter
Junges, Botschafter a. D., Rudolf
Kahlenberg, Ltd. Archivdirektor im Bundesarchiv, Prof. Friedrich P.
Kliesing, Dr. Georg
Kroppenstedt, Staatssekretär, Franz
Krueger, Ministerialdirektor i. R. Werner
Küppers, Dr. Heinrich
Küsters, Dr. Hanns Jürgen
Laitenberger, Dr. Volkhardt
Lange, Prof. Dr. Erhard
Leonhardt, Ministerialrat, Dr. Klaus
Luchsinger, Dr. Fred
Lukomski, Jesse M.
Mai, Intendant a. D., Dr. Franz
Meier, Dr. Reinhard
Mende, Bundesminister a. D. Dr. Erich
Mensing, Dr. Hans Peter
Möller, Prof. Dr. Horst
Morsey, Prof. Dr. Rudolf
Nitzsche, Dr. Max
Ostermayer, Stenograf, Dr. Günther
Pauls, Botschafter a. D., Rolf
Purwin, Hilde
Rockstock, Stenograf, Peter
Rommerskirchen, Josef
Rummel, Dr. Alois
Schäfer, Ministerialdirektor, stellv. Regierungssprecher, Norbert
Schmoeckel, Dr. Reinhard
Schneider, Herbert
Schütz, Walter J.
Schulze, Peter H.
Schulze-Vorberg, Dr. Max
Schumacher-Hellmold, Dr. Otto
Schwarz, Prof. Dr. Hans-Peter
Skibowski, Klaus
Sobotta, Dr. Joachim
Wagner, Dr. Wolfgang
Wahl, Stadtdirektor, Dr. Johannes
Wand, Botschafter a. D., Dr. Karl
Wendt, Hans
Westrick, Bundesminister a. D. Dr. Ludger

BIOGRAPHISCHE NOTIZEN ZU DEN DISKUSSIONSTEILNEHMERN

ADENAUER, Konrad

(1906), Dr. jur., seit 1946 im Rheinischen Braunkohlenbergbau tätig, zuletzt als Vorstandsmitglied der Rheinischen Braunkohlenwerke AG, Köln, bis Ende 1971.

APPEL, Reinhard

(1927), Journalist, 1946—1971 Redakteur bei der „Stuttgarter Zeitung", 1971—1973 Leiter des Bonner Büros der „Süddeutschen Zeitung", 1963—1973 Moderator beim Zweiten Deutschen Fernsehen, 1973—1976 Intendant des Deutschlandfunks, 1976—1988 Chefredakteur beim Zweiten Deutschen Fernsehen.

HASE, Karl-Günther von

(1917), 1951—1962 Tätigkeit im Auswärtigen Amt, u. a. Sprecher des Auswärtigen Amtes, 1962—1967 Staatssekretär und Leiter des Presse- und Informationsamtes der Bundesregierung, 1967—1969 Staatssekretär im Bundesministerium für Verteidigung, 1970—1977 Botschafter in Großbritannien, 1977—1982 Intendant des Zweiten Deutschen Fernsehens.

HERWARTH VON BITTENFELD, Hans-Heinrich

(1904), 1945—1949 in der Bayerischen Staatskanzlei, dann Leiter des Arbeitsstabs Protokoll im Bundeskanzleramt, 1951—1955 Protokollchef des Auswärtigen Amtes, 1955—1961 Botschafter in Großbritannien, 1961—1965 Staatssekretär im Bundespräsidialamt, 1965—1969 Botschafter in Italien.

HOLZAMER, Karl

(1906), Dr. phil., Prof., 1946—1962 Professor an der Universität Mainz, bis 1960 Vorsitzender des Rundfunkrats des Südwestfunks, 1957—1958 Direktor des Studienbüros für Jugendfragen Bonn, 1962—1977 Intendant des Zweiten Deutschen Fernsehens.

JAHN, Hans Edgar

(1914), Dr. rer. pol., Publizist und Verleger, 1965—1980 Mitglied des Deutschen Bundestages, 1969—1979 MdEP, Präsident der Pommerschen Abgeordnetenversammlung, 1951—1969 Präsident der Arbeitsgemeinschaft Demokratische Kreise.

JESTAEDT, Rudolf

(1921), 1972—1976 Generalkonsul in Antwerpen, 1981—1986 Botschafter in Dänemark.

KRUEGER, Werner

(1915), 1946 Redakteur der „Westfalenpost", Parlamentskorrespondent beim nordrhein-westfälischen Landtag und des Zweizonen-Wirtschaftsrates, 1947 beschäftigt in der Pressestelle des Zonensekretariats der CDU der britischen Zone in Köln, 1948 Berichterstatter beim Parlamentarischen Rat, ab 1950 im Presse- und Informationsamt der Bundesregierung, 1952—1954 und 1956—1966 Stellvertretender Leiter des Presse- und Informationsamtes in der Funktion des stellvertretenden Regierungssprechers, 1954—1956 Chefredakteur Abteilung Fernsehen beim NWDR Hamburg/Köln, ab 1955 beim WDR Köln, seit 1961 Ministerialdirektor, 1967—1969 Beauftragter für den Aufbau des Planungsstabs im Bundeskanzleramt.

KÜPPERS, Heinrich

(1940), Dr. phil., Privatdozent (Neueste Geschichte und Didaktik der Geschichte) am Historischen Seminar der Gesamthochschule — Bergische Universität Wuppertal.

KÜSTERS, Hanns Jürgen

(1952), Dr. rer. pol., 1982—1984 wissenschaftlicher Mitarbeiter der Stiftung Bundeskanzler-Adenauer-Haus, seit1984 wissenschaftlicher Mitarbeiter an den Seminaren für politische Wissenschaft der Universitäten Köln und Bonn. (1987).

LUCHSINGER, Fred

(1921), Dr. phil., Journalist, 1955—1963 Bonner Korrespondent der „Neuen Zürcher Zeitung", 1968—1984 Chefredakteur der NZZ.

LUKOMSKI, Jess M.

(1921), Wirtschaftsjournalist, langjähriger Bonner Korrespondent des „Journal of Commerce", Autor einer Biographie Ludwig Erhards (Der Mensch und der Politiker, Düsseldorf-Wien 1965)

MAI, Franz

(1911), Dr. jur., 1945—1950 Amtsrichter in Frankfurt/Main, 1950—1952 Persönlicher Referent des Bundeskanzlers, 1952—1957 zunächst Leiter der Film-, Funk- und Fernsehabteilung, kurze Zeit später Leiter der Zentralverwaltung im Presse- und Informationsamt der Bundesregierung, 1958—1977 Intendant des Saarländischen Rundfunks.

MENDE, Erich

(1916), Dr. jur., 1949—1980 Mitglied des Deutschen Bundestages (FDP, seit 1970 CDU), 1963—1966 Bundesminister für gesamtdeutsche Fragen.

MENSING, Hans Peter

(1942), Dr. phil., seit 1980 wissenschaftlicher Mitarbeiter der Stiftung Bundeskanzler-Adenauer-Haus.

NITZSCHE, Max

(1915), Dr. phil., Journalist, 1949—1951 Redakteur der „Lübecker Nachrichten", 1951—1953 der „Rheinischen Post", 1953—1961 Leiter deren Bonner Redaktion, 1961—1975 Geschäftsführer dieser Zeitung.

PURWIN, Hilde

(1919), Journalistin, seit 1952 bei der „Neuen Ruhr-Zeitung".

ROMMERSKIRCHEN, Josef

(1916), 1952—1960 Referatsleiter und 1976—1981 Direktor in der Bundeszentrale für politische Bildung, 1960—1976 Mitglied des Deutschen Bundestages.

SCHULZE, Peter H.

(1919), seit 1949 im Presse- und Informationsamt der Bundesregierung, u. a. Chef vom Dienst, 1976—1984 Gruppenleiter „Redaktion und Rundfunkauswertung".

SCHULZE-VORBERG, Max

(1919), Dr. jur., Journalist, 1965—1976 Mitglied des Deutschen Bundestages.

SCHUMACHER-HELLMOLD, Otto

(1912), Dr., 1946 Mitbegründer der FDP, 1948—1952 Bürgermeister der Stadt Bonn. Langjährige journalistische Tätigkeit u. a. für den „General-Anzeiger" (Bonn) und den Westdeutschen Rundfunk.

SKIBOWSKI, Klaus

(1925), Publizist, Buchautor, Fachmann für Öffentlichkeitsarbeit.

SOBOTTA, Joachim

(1932), Dr. jur., Journalist, Chefredakteur der „Rheinischen Post".

WAND, Karl

(1920), Dr. phil., 1956/57 Pressereferent Konrad Adenauers, 1957—1985 Auswärtiger Dienst, u. a. Botschafter in Benin.

WENDT, Hans

(1903), Journalist, 1948—1949 stellvertretender Chefredakteur der „Kieler Nachrichten", 1950 Leiter des Bonner NWDR-Büros, stand in dieser Zeit in enger Beziehung zu Konrad Adenauer, ab 1956 Diplomatischer Korrespondent der „Kölnischen Rundschau" sowie Bonner Korrespondent des Österreichischen Rundfunks, 1962 Europa-Korrespondent der Deutschen Welle und stellvertretender Leiter des Studio Bonn.

WESTRICK, Ludger

(1894), Dr. jur., nach Tätigkeit in der Wirtschaft 1951—1963 Staatssekretär im Bundesministerium für Wirtschaft, 1963—1966 Chef des Bundeskanzleramtes, 1964—1966 Bundesminister für besondere Aufgaben im Bundeskanzleramt.

INFORMATIONEN ZUR STIFTUNG BUNDESKANZLER-ADENAUER-HAUS

Die Stiftung Bundeskanzler-Adenauer-Haus, am 19. Dezember 1967 durch Vertrag zwischen den Erben Konrad Adenauers und der Bundesrepublik Deutschland gegründet, hat den gesetzlich festgelegten Zweck, „1. das Andenken an das Wirken des Staatsmannes Konrad Adenauer für Freiheit und Einheit des deutschen Volkes, für Europa, für Verständigung und Versöhnung unter den Völkern zu wahren und einen Beitrag zum Verständnis der jüngeren Geschichte sowie des Entstehens der Bundesrepublik Deutschland zu leisten; 2. den Nachlaß Konrad Adenauers, soweit er nicht familiären Charakter hat, zu sammeln, zu pflegen, zu verwalten und für die Interessen der Allgemeinheit in Wissenschaft, Bildung und Politik auszuwerten."

Die Erben Adenauers übereigneten für diese Stiftung, die als öffentlich-rechtliche Stiftung auf überparteilicher Basis beruht, zur Errichtung der Gedenkstätte Grundstück, Wohnhaus, Pavillon und das gesamte Mobiliar sowie den schriftlichen Nachlaß Konrad Adenauers. Die ehrenamtlichen Organe der Stiftung sind: Das vom Bundespräsidenten berufene Kuratorium, der Vorstand und der Beirat, beide vom Kuratorium bestellt. Die Bundesrepublik Deutschland hat sich zur Finanzierung der Stiftung verpflichtet.

Die Gedenkstätte wurde inzwischen von mehr als 1 1/2 Millionen Menschen aus dem In- und Ausland besucht. Neben dem Wohnhaus Konrad Adenauers und seinem Garten ist ein starker Anziehungspunkt die am 19. Dezember 1975 zum 100. Geburtstag Konrad Adenauers (5. Januar 1976) eröffnete Ausstellung in einem unterhalb des Wohnhauses errichteten Gebäude. Diese Ausstellung zeigt Persönlichkeit und Wirken Konrad Adenauers vor dem Hintergrund der von ihm durchlebten vier Epochen deutscher Geschichte.

Ein besonderer Schwerpunkt der Tätigkeit der Stiftung ist die Auswertung des schriftlichen Nachlasses, den sie als Archiv und Dokumentationsstelle verwaltet. Das Archiv steht für Wissenschaft und Forschung gemäß der vom Kuratorium erlassenen Benutzungsordnung und einschlägiger Bestimmungen zur Verfügung. In der Editionsreihe „Adenauer — Rhöndorfer Ausgabe", Siedler-Verlag, Berlin, werden wichtige Bestände des schriftlichen Nachlasses Konrad Adenauers der Öffentlichkeit zugänglich gemacht. Bisher liegen sechs Bände vor, und zwar mit Briefen Konrad Adenauers aus den Jahren 1945—1953 sowie mit vertraulichen Pressegesprächen, den sogenannten „Teegesprächen" aus den Jahren 1950 bis 1958. Im Herbst 1988 erscheint der siebte Band dieser Editionsreihe mit „Teegesprächen" aus den Jahren 1959 bis 1961.

Im Rahmen ihrer wissenschaftlichen Tätigkeit führt die Stiftung Tagungen durch, deren Ergebnisse sie in der Editionsreihe „Rhöndorfer Gespräche" veröffentlicht. Die Tagungen der Stiftung sollen Wissenschaftlern die Gelegenheit geben, ihre Forschungsergebnisse zur Ära Adenauer der interessierten Öffentlichkeit vorzustellen und mit sachkundigen politischen „Akteuren" zu diskutieren. Teilnehmer der Tagungen sind Politiker, die insbesondere zur Zeit Konrad Adenauers tätig waren, Wissenschaftler, die sich besonders mit der Ära Adenauer befassen, und Journalisten. Die „Rhöndorfer Gespräche" sollen dazu beitragen, sowohl der historischen und politikwissenschaftlichen Forschung als auch einer breiteren Öffentlichkeit neue Kenntnisse über eine wichtige Phase der deutschen Geschichte zu vermitteln und den Stand an gesichertem Wissen durch den Meinungsaustausch zwischen Akteuren und Forschern zu erweitern und zu vertiefen.